사장을 위한
권력학

CEO의 서재 · 30

The Power
for the Boss

사장을 위한
권력학

기타니 데쓰오 지음
김정환 옮김

리더십만으로는 부족하다. 권력술을 익혀라

센시오 iscover

왜 사장에게
권력학이 필요한가?

사장이라는 자리에 오르게 되면 매 순간이 결정의 연속이다. 모든 상황을 종합적으로 고려해 가장 합리적인 결정을 내리는 것이 사장의 몫이다. 문제는 의견이 충돌할 때다. 예를 들어, 당신이 회사의 목표를 결정해야 하는 상황이다. 이때 당신의 부하 직원은 "목표가 너무 높아서 도저히 달성할 수가 없습니다"라고 앓는 소리를 하며 재검토를 요구한다. 한편 주주들은 "목표가 너무 낮습니다. 개선되지 않는다면 위임장을 받아서 실력 행사를 하겠습니다"라며 압박을 가한다. 서로 다른 의견이 맞부딪힐 경우, 당신은 어떻게 할 것인가?

리더십에 관한 서적을 살펴보면 어떻게 커뮤니케이션 능력을 높여서 합리적으로 설득하는지에 관한 수많은 이야기가 적혀 있다. 그러나 막상 마주한 현실은 그렇게 녹록지 않다. 설득만으로는 절대 움직이지 않는 사람들이 있을뿐더러, 수많은 사람으로 구성된 회사에서 조직원 한 사람 한 사람을 설득하는 것은 지나치게 많은 시간과 비용이 발생한다. 그렇다. 조직을 움직이기 위한 의사 결정을 하려면 권력이 있어야 한다.

사장을 위한 21세기 군주론

조직이 살아남기 위해서도 강력한 권력이 필요하다. 국내외를 막론하고 조직을 둘러싼 환경이 급변하는 상황에서 의견 일치를 지나치게 중시하는 무거운 조직이나 변화를 꺼리는 안정 지향적 조직은 뒤처지게 된다. 즉 강한 조직이나 거대한 조직이 아니라, 변화에 신속하게 대응하는 조직만이 살아남을 수 있다. 이 시대에 강력한 권력을 지닌 리더가 필요한 이유다.

군사 전략 측면에서 군사력을 갖추고, 그 군사력이 쓰일 장소에 배치하고, 작전을 수행하는 것을 '전력 투사(power projection) 능력'이라고 한다. 프로젝터로 스크린에 슬라이드를 투사하는 것처럼 전략을 실제 현장에 투사하는 능력을 말한다. 아무리 좋은 전략과 전력(戰力)이 있어도 그것을 현실 세계에 투사하는 능력이 없다면 무용지물일 뿐이다.

마찬가지로 돈과 인적자원이 있는 거대한 조직에 좋은 아이디어를 가진 사람이 있더라도 그 아이디어를 현실 세계에 투사하지 못한다면 아무런 의미도 없다. 아이디어를 현실화시키려면 권력을 장악해서 조직의 전력을 최대한 동원해야 한다. 이를 공식으로 나타내면 다음과 같다.

리더의 힘=아이디어(구상력)+독재력(조직을 움직이는 힘)

이처럼 아이디어와 독재력으로 이루어진 리더의 힘을 이 책에서는 '권력학'이라고 명명한다. 리더에게는 아이디어뿐만 아니라 독재력이 꼭 필요하다. 아이디어는 다른 사람에게서 빌려올 수도 있고 기업이나 비즈니스의 청사진은 참모나 싱크탱크도 그릴 수 있다. 그러나 조직을 움직여 아이디어를 현실로 만들 수 있는 사람은 오로지 권력을 가진 자뿐이다.

오늘날에는 '권력' 자체를 부정적으로 받아들이는 인식이 강하다. 권력을 잘못 사용해 사회에 해악을 끼친 사람들이 많은 탓이다. 그러나 권력의 메커니즘을 이해하고 학습해 전략적으로 활용할 수 있다면 이보다 더 강력한 무기도 없다.

권력은 운동 경기나 어학 공부와 그 원리가 같다. 먼저 머리로 원리 원칙을 이해하고, 중요한 순간 힘을 발휘할 수 있도록 끊임없이 훈련해야 한다. 조직의 미래에 관한 올곧은 비전을 가진 사장이 올바른 권력으로 자신의 비전을 실현하고 회사를 난세에서 구하기를 진심으로 기원한다.

권력이 없으면
아무것도 결정할 수 없다

세계가 하나의 생활권이 된 오늘날에는 서로 다른 행동 양식을 가진 사람들과 비즈니스를 해야 할 일이 많다. 선례가 없는 낯선 상황에서의 의사 결정은 그동안의 결정 방식이 소용없는 경우가 대부분이다. 모두가 갈팡질팡하는 이런 때일수록 적절한 판단을 내릴 강력한 권력의 소유자가 필요하다.

  권력을 잘 활용하는 사람이 되기 위해 비열할 필요도, 음험할 필요도 없다. 그러나 교활한 상대의 의도를 간파하고 그보다 우위에 서서 앞서나가기는 해야 한다. 이는 시대나 국가를 초월해 어느 기업에나 공통적으로 요구되는 것이다. 선행, 악행, 선인, 악인이라는 프레임이 아니라, 원하는 것을 이루기 위해 목적에 맞게 무엇을 해야 할지 중립적으로 생각하며 권력을 이용하도

록 하자. 어차피 조직에 몸담고 있고 어차피 리스크를 안고 살아
가야 한다면, 두려워하지 말고 성과를 위해 권력을 최대한 활용
하는 데 집중하는 편이 훨씬 이득이다.

권력학을 발휘하기 위한 2단계

이 책에서는 권력학을 두 단계로 나누어 설명한다.

> 1단계: 안정적인 권력 기반을 구축한다
> 2단계: 동원력을 높인다

1단계는 사장의 권력을 안정시키기 위해 권력 기반을 안정적
으로 구축하는 것이다. 언제 실각해도 이상하지 않은 불안정한
상태에서 리더는 권력을 행사할 수가 없다. 따라서 안정적인 권
력 기반을 구축하는 것이 선결 과제다. 그러기 위해서는 지지층
을 세 그룹으로 나누어 관리해야 한다.

> 1. 핵심 지지층
> 2. 예비 핵심 지지층
> 3. 일반 구성원

사장의 권력을 뒷받침해 주는 핵심 지지층이 누구인지 특정

하고, 그들을 완벽하게 모니터링하며, 사장을 위해 움직이게 할 수 있다면 권력 기반을 안정시킬 수 있다. 즉, 이 핵심 지지층의 지지도가 낮으면 권력 기반이 붕괴된다.

2단계는 조직을 총동원하기 위해 광범위한 지지 연합을 형성하는 것이다. 아무리 권력 기반이 안정되어도 전력을 총동원할 수 없다면 조직은 승리하지 못한다. 위의 세 그룹 가운데 핵심 지지층에게만 지지를 받는다면 전력을 광범위하게 동원하기 어렵다. 핵심 지지층뿐 아니라 예비 핵심 지지층, 일반 구성원까지 내 편으로 만들어야 한다. 이것을 '광범위한 지지 연합', 혹은 '대연정(grand coalition)'이라고 한다.

사장을 위한 권력학

이 책은 다음의 순서로 이야기가 진행된다. 각 장의 목적과 개요를 간단하게 소개하면 다음과 같다.

1장. 사장에겐 힘이 필요하다

조직을 죽음으로 몰아넣는 권력에 반하는 세력에 맞서 올바른 권력을 추구하기 위해 사장이 알아야 할 권력의 메커니즘을 알아본다. 또한 강력한 권력을 가진 리더의 필요성과 리더의 의사 결정을 방해하는 네 가지 요인에 대해 살펴본다.

2장. 사장이 권력을 구축하는 방법

권력학의 1단계인 권력 기반 구축에 관해 다룬다. 세 개의 지지층을 구축하고 이를 통해 권력 기반을 견고히 다지는 네 가지 법칙을 소개한다.

3장. 권력이 센 사장이 죽은 기업도 되살린다

권력학의 2단계인 동원력을 높이는 방법에 관해 다룬다. 아무리 권력 기반이 안정되어도 권력을 활용하지 못하면 대외 경쟁에서 살아남을 수 없다. 강력한 권력을 가진 사장이 되어 조직의 모든 에너지를 최대로 끌어올리는 방법을 소개한다.

4장. 권력을 유지하고 강화하는 7가지 비책

강력한 권력을 유지하면서 원하는 바를 이루기 위해 어떻게 해야 하는지 구체적으로 살펴본다. 일곱 가지 비책을 통해 대외적인 이미지 관리부터 지지자의 마음을 얻는 방법, 반드시 확보해야 하는 권한 등에 대해 알아본다.

5장. 사장이 권력학을 배워야 하는 이유

강력한 권력을 가진 리더와 그렇지 못한 리더의 차이가 회사의 미래를 어떻게 바꾸는지 살펴본다. 오늘날 기업들의 과제가 무엇인지 권력학적 관점에서 생각해본다.

목차

1장 | 사장에겐 힘이 필요하다

4장 권력을 유지하고 강화하는 7가지 비책

5장 사장이 권력학을 배워야 하는 이유

The Power
for the Boss

사장에겐
힘이
필요하다

"

지도자를 잃은 대중은
오합지졸이다.

"

마키아벨리(Niccolò Machiavelli)

왜 지금
권력학인가?

회사에서 어떤 사업 전략 입안을 담당하게 되어 자료를 정리한
후 보고했는데 상사는 어째서인지 그 제안을 건성으로 들을 뿐
이다. 명확한 사실과 논리를 근거로 도출한 자명한 결론임에도
상사는 전혀 다른 생각을 하고 있는 듯이 보인다.

　직장인이라면 누구나 한 번쯤 이런 경험을 해봤을 것이다. 이
런 경우, 당신이 제안한 전략이 옳다고 가정했을 때 두 가지 가
능성이 있다. 하나는 상사가 무능해서 당신의 제안을 이해하지
못했을 수 있고, 또 하나는 시장 또는 제품 이외의 문제, 즉 정치
적인 측면을 고려했을 가능성이 있다.

올바른 전략만으로는 살아남을 수 없다

●

아무리 계획이 훌륭해도 그것을 실행에 옮기려면 많은 사람을 움직여야 한다. 상사도 독단적으로 결정할 수는 없기 때문에 회사 내에서 계획을 공유할 필요가 있는데, 이때 권력이 없는 상사는 사람들을 능숙하게 움직이지 못한다. 그렇게 되면 제아무리 훌륭한 계획일지라도 창고에 처박히게 되고, 당신은 쓸모없는 보고서를 작성한 셈이 된다.

그렇다면 부하 직원이 자신의 계획을 실현하려면 어떻게 해야 할까? 사내 정치가 만연한 환경에서 계획을 통과시킬 방법을 포함해 자신이 옳다고 생각하는 전략을 실현할 수 있도록 상사를 세심하게 지원하는 것이 가장 이상적인 방법이다.

반대로 탁상공론만을 일삼는 부하, 제안이 기각되면 쉽게 포기해 버리는 부하, 제안을 기각당하면 상사를 바보 취급하거나 앙심을 품는 부하도 있다. 그런 사람들은 속은 쓰리겠지만 '나는 옳은 말을 했는데 윗사람들이 이해를 못 해'라는 식으로 스스로를 위로한다. 그리고 이런 일이 몇 차례 반복되면 의욕이 떨어져 일을 하지 않게 된다.

컨설팅 업계에서 안건을 잘 따내는 우수한 컨설턴트는 고객사 내부의 권력 메커니즘을 미리 파악한다. 그리고 자신이 제안하는 전략이 정치적으로도 쉽게 받아들여지도록 사전 교섭 등의 사내 공작까지 염두에 둔다.

컨설턴트의 일은 보고서를 작성하는 것만이 아니다. 입안한 전략을 실현하는 과정에서 부딪히게 될 회사 내부의 저항을 머릿속에 미리 그려보고, 그 저항에 어떻게 대응할지까지 자신의 일처럼 생각해서 제안할 수 있어야 한다. 그렇게 하지 못하면 결국 단발성 분석이나 아이디어 제안 정도의 의뢰만 받게 되는 신세가 되며, 이래서는 컨설팅 대가로 받는 높은 보수를 정당화할 수도 없다. 즉, '권력에 관한 이해'는 권력자에게만 필요한 것이 아니다. 상사가 있는 평범한 직장인이나 전문 서비스업 기업에도 필요하다.

일을 잘하더라도 반드시 그것만으로 높은 평가를 받을 수 있는 것은 아니다. 업무 역량과 함께 권력에 대한 감각을 높일 필요가 있다.

세상에는 권력에 대한 감각을 타고나서 권력 싸움에 능한 사람과 그렇지 않은 사람이 있다. 불행하게도 천성적으로 권력에 대한 감각을 타고나지 못한 사람은 권력의 메커니즘을 이해하고 그에 대한 지혜를 갖출 필요가 있다. 권력 이론, 권력의 메커니즘을 이해해서 관계자의 행동을 예측하거나 해석할 수 없으면 권력 싸움에서 결코 이길 수 없기 때문이다.

권력에 대한 감각이 있으면 부하는 상사가 하는 행동의 배후에 권력 측면의 어떤 의도가 숨겨져 있지는 않은지, 상사가 걱정하는 바는 무엇인지 이해할 수 있게 되며, 컨설턴트는 고객의 고민을 공유하고 적확한 조언을 할 가능성이 커진다.

권력에 대한 감각은 원래 교활하고 음험하며 비열한 자들이 우글대는 정글 같은 사회에서 살아남기 위해 몸부림치는 가운데 축적되는 것이다. '지식'이 아닌 '지혜'이기 때문에 공부해서 실력을 측정할 수 있는 성질의 것이 아니다. 그러나 일상에서 적을 마주치는 일은 많지 않기 때문에 우리에게는 실제로 싸우며 권력에 관한 지혜를 얻을 기회가 적고, 권력에 대한 면역력 또한 길러지지 않은 게 사실이다. 그런데 이렇게 평화롭게 살아가다가 어느 날 갑자기 일상 속에서 생존을 위한 전쟁 상황에 직면하게 될 수도 있다. 그것이 사회, 조직이라는 곳의 특성이기 때문이다. 이때 무방비 상태로 있다가 발버둥 치며 침몰하지 않으려면 무엇보다 기본적인 권력 이론에 대해 이해하고 있어야 한다.

정치는 과학이다

•

권력의 메커니즘에 관해 학문적으로 연구하는 분야가 있는데, 바로 정치학이다. 경제학이 돈에 관한 학문이라면 정치학은 권력에 관한 학문으로, 영어로는 'political science'라고 한다. 직역하면 '정치 과학'이다.

필자는 한때 시카고대학교에서 정치학을 공부했는데, 그곳에서는 다양한 모델로 권력 구조와 의사 결정 방법에 대해 분석하고 있다. 시카고대학교뿐 아니라 권력의 메커니즘에 관한 연구는 현재 활발하게 진행되고 있고, 이를 경제학에 응용하려는 시도도 빈번하게 이뤄지고 있다.

다시 말하지만 권력은 악이 아니다. 권력은 무언가를 이루고 싶어 하는 사람에게는 그 어떤 것보다 강력한 도구가 되어 준다. 그리고 이때 도구를 활용하는 방법을 제대로 배워 잘못 사용하지 않도록 하는 것이 중요하다. 그래서 여기서는 권력의 메커니즘에 대해 파악할 수 있는 '프레임워크(framework)'를 소개하려고 한다.

목표를 이루고자 할 때 반드시 필요한 도구

●

권력에 관해 제대로 이해하고 있지 않으면 권력자를 순진한 시선으로 바라보게 된다.

사람들이 생각하는 권력자의 이미지는 극과 극인 경우가 많다. 타고난 리더로 다른 사람들을 매료시키는 자질을 갖춘 위인이나 성인, 아니면 뱃속이 시커멓고 강한 권력을 등에 업고 공포 정치를 펴는 극악무도한 폭군 이미지가 그것이다. 그러나 실제로는 그렇지 않다.

권력은 신이 공정한 눈으로 세상을 내려다보다 비전이 있는 사람에게 내려 주는 것이 아니다. 어떤 권력이든 저절로 굴러들어오지는 않는다. 본인이 의도적으로 설계해야 얻을 수 있다. 나름의 노력과 궁리가 필요한 것이다.

반대로 말하면 평범한 사람이라도 노력하면 권력을 손에 쥘 수 있다. 대단한 능력도 없는데 권력욕만은 비정상적일 만큼 강한 사람이 권력자가 되는 사례가 많은 것은 바로 이 때문이다.

그러나 능력은 없는데 권력욕만 가득한 사람이 권력을 잡은 후 능력 있는 사람을 소외시키는 상황은 결코 바람직하지 않다. 또한 능력 있는 사람이 알레르기 반응을 보이며 권력과 거리를 두게 되는 상황도 바람직하지 않다. 그렇게 되면 조직은 제대로 돌아가지 않는다. 그 조직이 기업이라면 도산하고 말 것이다.

설령 권력욕이 없더라도 무엇인가를 이루기 위해 자신에게 반드시 필요한 도구가 권력이라는 사실을 인식할 필요가 있다. 그러면 진정으로 높은 곳에 있어야 할 사람이 권력 알레르기를 극복하고 그것을 도구로 활용해 회사나 비영리단체, 지방자치단체 등 다양한 곳에서 리더십을 발휘할 수도 있을 것이다.

정치 세계에서든 비즈니스 세계에서든, 사실 리더는 혼자서는 아무것도 하지 못하는 존재다. 자신의 권력을 확고히 하려면 굳건한 지지 기반을 구축해 조직의 상부부터 말단에 이르기까지 모두가 자신의 결정을 따르도록 하는 것이 중요하다.

칭기즈 칸(Chingiz Khan), 아돌프 히틀러(Adolf Hitler), 이오시프 스탈린(Iosif Stalin) 같은 리더가 무엇이든 자기 하고 싶은 대로 다 하는 신과 같은 존재였다고 알고 있다면 그것은 잘못된 정보다. 그들은 항상 불안정한 상태에 있었으며, 살아남기 위해 끊임없이 궁리한 결과 그 자리에 있을 수 있었던 것이다.

김정은 국무위원장이 이끄는 북한에도 선거는 있다. 다만 경쟁하는 정당이나 후보가 존재하지 않는 사실상의 신임 투표, 요컨대 투표율 100퍼센트에 여당 득표율 100퍼센트라는 요식 행위에 불과한 선거지만, 어쨌든 선거를 실시하고는 있다. 다시 말해 아무리 체제가 굳건해 보여도 굳이 수고를 들여서 그런 형식을 갖춰 놓아야 한다는 뜻이다.

권력의 법칙은 시대와 국경을 초월해 통한다

●

권력의 메커니즘은 동서고금을 막론하고 똑같다. 수백 년 전이든 21세기든, 유럽에서든 아시아에서든 완전히 같은 이론이 통용된다는 점이 권력의 재미있는 부분이다.

15세기 유럽 왕국은 세습을 통해 안정적으로 권력을 유지했을 것 같지만, 실제로는 말을 듣지 않는 귀족 계급의 반란으로 권력 기반이 끊임없이 흔들렸다. 그 와중에 태양왕 루이 14세(Louis XIV)가 권력 기반을 확고히 할 수 있었던 이유는 그가 권력의 속성에 대해 제대로 이해하고 있었기 때문이었다. 그는 잠재적 적대 세력인 귀족 계급과 군의 권력을 약화하기 위해 궁리를 거듭하고 새로운 지지자 그룹을 만들어갔다.

루이 14세는 오래된 귀족 가문을 장기간 궁전에 물리적으로 묶어 놓고, 왕인 자신의 마음에 드는지 들지 않는지에 따라 차별적으로 대우했다. 군대의 경우 시간이 지나면 저절로 승진하던 방식을 공헌도에 따른 승진 방식으로 바꿔 왕의 마음에 든 사람만 승진할 수 있게 했다. 이것이 그가 72년이나 권좌에 앉아 있을 수 있었던 이유가 아닐까 싶다. 다시 말해 직접 새로운 지지 세력을 만들어내고 기존 세력의 권력을 약화함으로써 자신의 권력 기반을 확고히 다졌던 것이다. 사람들은 '절대 왕정'이라고 부르지만, 알고 보면 절대적인 부분은 어디에도 없었으며, 언뜻 보기에 사소할 수 있는 궁리를 거듭함으로써 자신의 편을 계속 만들어나갔던 것이다.

이 세상에 '평안한 권력자'는 없다. 권력이 얼마나 탄탄해지느냐는 권력자 스스로 권력을 유지하기 위해 얼마나 궁리하느냐에 달려 있다.

"권력자를 가까이서 지켜보면서도 그의 진정한 의도를 알아채지 못했다", "언뜻 사소해 보이는 궁리가 쌓이고 쌓인 결과,

정신을 차려 보니 상대가 절대적인 권력을 쥐고 있었다"라고 말하는 경우가 있는데, 그 행동의 주인이 단순히 자신의 지지자를 만들기 위해 한 행동이었다고 해석해서는 곤란하다. 상대에게 숨겨진 권력 측면의 의도가 있지는 않은지 알아챌 필요가 있다. 또 '불순한 무리를 모으다니, 수상해', '권력은 악이야'라는 차원에 머물러서는 권력을 이해할 수 없으며, 권력욕만 있는 사람에게 지배당하게 된다.

2012년, 55세의 나이에 사장 자리에 올라 파나소닉의 최연소 최고 경영자가 된 쓰가 가즈히로는 사장에 취임하자마자 권력 기반 강화에 나섰다. 이 회사는 쓰가 사장이 취임하기 몇 해 전부터 실적 부진으로 허덕이고 있었는데, 그동안 서로 시너지도 없는 수많은 사업을 문어발식으로 확장해 오던 터였다. 가전제품 사업부터 전자상거래 사업에 이르기까지 사업을 확대했지만, 그런 것 치고는 외부에 내세울 만한 특출한 제품이 없었다. 규모가 작고 강력한 경쟁력을 갖추지 못한 사업들을 백화점식으로 전개해 적자 사업에서 입은 손해를 흑자 사업에서 얻은 이익으로 메웠고, 그 결과 그룹 전체가 저수익의 함정에서 벗어나지 못하게 되었다. 규모가 작고 경쟁력이 부족한 사업들로는 세계 시장에서 이익을 낼 수 없었고, 일본 내에서의 실적 부진과 함께 회사 자체가 서서히 축소되어 갈 수밖에 없었던 것이다.

향후 몇 년 내에 상황을 크게 개선할 수 있느냐가 그 당시 회사의 미래를 결정할 터였다. 그러나 이렇게 다각화가 진행되어 사내 관료층이 비대해진 대기업에는 사내에 거대한 저항 세력이 존재하기 마련이다. 즉 개혁을 할 수 있느냐 없느냐는 쓰가 사장이 확고한 권력 기반을 구축하고 독재력을 행사해 자신이 생각하는 최선의 전략을 밀고 나갈 수 있느냐에 달려 있었다.

그렇다면 쓰가 사장은 어떻게 권력 기반을 강화했을까? 보도에 따르면 방법은 다음의 두 가지였다.

7,000명의 본사 직원 중에서 인재를 선발해 경영기획, 경리, 재무·IR(Investor Relations, 투자자 대상 기업설명 활동), 인사, 노동 행정의 다섯 개 부문에 걸쳐 130명으로 구성된 소수 정예의 사업부를 신설하고 최고 책임을 맡을 다섯 명의 총괄 책임자를 임명했다.

사업부제를 부활시켜 기존의 사업부를 다섯 개의 분사(分社), 49개의 사업부로 재편했다.

권력에 대한 감각이 없는 사람은 쓰가 사장이 실시한 이 조치를 보고 '간접 부문을 소수 정예화해 의사 결정을 빠르게 하려고 하는구나', '제조·판매·기술을 일체화해서 최고 경영자가 최적의 타이밍에 결단을 내릴 수 있도록 사업부제를 부활시켰구나'라고 해석했을 수 있지만, 그것은 빙산의 일각에 불과했다. 권력의 속성을 이해하는 사람이라면 다음과 같이 해석했을 것이다.

7,000명의 본사 직원 중에서 인재를 선발해 경영기획, 경리, 재무·IR, 인사, 노동 행정의 다섯 개 부문에 걸쳐 130명으로 구성된 소수 정예의 사업부를 신설하고 최고 책임을 맡을 다섯 명의 총괄 책임자를 임명했다.

⇨ 경리 부서와 인사 부서가 단순한 지원·사무처리 부서로 격하되었다. 지원·사무처리 부서는 전통적으로 엘리트 관료들이 모이는 곳으로, 사장의 인사권마저 미치지 않는 저항 세력으로 성장할 수도 있는 곳이다. 쓰가 사장의 진짜 의도는 그곳에서 권력을 빼앗아 오는 것이었다고 추정된다.

사업부제를 부활시켜 기존의 사업부를 다섯 개의 분사, 49개의 사업부로 재편했다.

⇨ 사장이 직접 49개 사업부의 사업부장과 연결되고, 그 결과 다섯 개 분사의 관리자는 있으나 마나 한 존재가 된다. 중간에 끼어 있는 다섯 개 분사의 영향력을 줄이는 것이 목적이었다고 추정된다.

요컨대 분사나 간접 부문의 임원이 사장의 말을 듣지 않게 되는 상황을 미리 차단함으로써 선대 사장들의 전철을 밟지 않도록 조처했던 것이다.

쓰가 사장은 자신이 총애하는 다섯 명의 총괄 책임자와 49명의 사업부장으로 새로운 핵심 멤버를 만들고, 권력을 그곳으로 집중시켰다. 그 목적은 옛날부터 권력의 중추였던 본사의 사업부나 분사의 힘을 약화하고 자신의 권력 기반을 강화하는 데 있었다.

이는 루이 14세가 귀족이나 군대의 힘을 약화하기 위해 취했던 조치와 같다. 이처럼 쓰가 사장은 본격적인 지도력을 발휘하기 위한 포석을 깔았는데, 자신도 의식하지 못하는 사이에 수많은 독재자가 실행해온 방식을 따르고 있었던 것으로 생각된다. 경영 전략 측면에서의 성공 여부와 별개로 권력에 대한 감을 타고난 사람인 것이다.

사장의 권력에 대항하는
4가지 이데올로기

현대에는 그것이 어떤 종류건 권력을 부정적으로 여기는 분위기가 만연해 있다. 이유는 다양하다. 변화가 싫다는 이유로 권력을 부정하는 사람도 있고, 사실은 권력을 너무 사랑하고 탐내는 탓에 현재의 권력자를 비판하는 비뚤어진 동기를 가진 사람도 있다.

최근 들어 권력을 추구하거나 권력을 강화하는 것에 대해 부정적으로 생각하는 논리나 이론이 보급되고 힘을 얻은 결과, 리더가 그 역할을 수행하기가 점점 더 어려워지고 있다. 그런데 권력에 대해 부정적으로 생각하게 되면 리더십을 발휘하기 위해 먼저 권력을 장악해야 한다는 사실을 인식하지 못하게 된다.

리더에게 지워진 엄격한 잣대

●

권력에 대한 기본 인식 중 하나는 동양을 중심으로 한 '성선설'이고, 다른 하나는 서양을 중심으로 한 '성악설'이다.

동양권에서는 최고 지도자가 훌륭한 인격이나 덕을 갖추고 국민을 통치하는 것이 이상적이라고 생각한다. 물론 성인군자라 할 만한 사람이 최고 지도자의 자리에 오른다면 가장 이상적이겠지만, 실제로 인간은 성인군자가 아니므로 이런 사람조차 부패할 수 있다.

서양에서는 전통적으로 성악설을 지지하고, 권력자 역시 크게 다르지 않다고 여기기 때문에 통치자가 전능하고 착한 사람일 것이라고는 절대 기대하지 않는다. 권력을 분산시키고 제한해야 한다는 생각은 거기서 비롯되었다.

그런 가운데 동양에서는 권력에 대한 그동안의 이상적 권력자상에 성악설이 섞여 들었고, 그로 인해 '동양적 권력'을 명확하게 정의하는 것이 점점 어려워지고 있다. 그 결과 최고 권력자가 리더십을 발휘해 무언가를 실행하려 해도 권력에 대한 부정적인 이론으로 무장하고 리더의 앞을 가로막곤 한다.

동양적인 덕치주의의 관점에서는 리더에게 요구되는 능력과 인격의 기준이 과도하게 높다. 무엇보다 인격이 고결해야 한다는 인식이 있어서 평범한 사람도 리더가 될 수 있으며 또 권력을 줄 수 있어야 한다는 생각이 생겨나기 어렵다. 요컨대 '나는 리더가 될 그릇이 아니야'라며 스스로 기준을 높이고 포기해 버리는 것이다. 추종자들도 리더에게 100퍼센트를 요구하기 때문에 '저 사람은 리더로서 별로야'라는 식으로 리더에게 지나치게 엄격한 잣대를 들이댄다.

동양에 도입된 서양의 권력관은 주로 미국 비즈니스계의 최첨단 권력 감시·제한 메커니즘으로, 그것을 액면 그대로 받아들인 결과 최고 지도자의 부담은 전보다 더 증가하고, 반대로 자유도는 줄어들게 되었다. 여기에 어려움이 있다고 할 수 있을 것이다.

4가지 반권력 이데올로기

●

리더는 이런 각기 다른 배경을 가진 다양한 '반독재·반권력 이데올로기'를 타파할 수 있어야 한다. 그렇다면 구체적으로는 어떤 이데올로기를 타파해야 하는 것일까?

독재력이 있는 리더의 발목을 잡아끄는 반권력 이데올로기는 크게 네 가지로 나눌 수 있다. 하나같이 매우 강력한 것이라 반론하기는 참으로 어렵지만, 그것을 뛰어넘지 못한다면 강한 권력을 구축할 수 없다. 차례대로 살펴보자.

1. 수평적 구조에 대한 맹신

2. 제멋대로 설정한 회사의 강점

3. 조직 문화 탓

4. 잘못된 권한 위임

수평적 구조가
의사 결정을 방해한다

기업이 규모 면에서의 성장이나 비즈니스 모델의 진화가 멈추고 정체를 겪게 되면 머지않아 더 이상의 성장이 불가능한 답보 상태가 되면서 침전물 같은 것이 생기는 단계가 된다. 기세등등하던 상태에서 서서히 침체를 거쳐 폐색, 쇠퇴하게 되는 것이다. 어떤 조직이든 답보 상태는 피할 수가 없다. 특히 조직력이 우수한 기업일수록 답보 상태가 급속하게 진행되는 듯하다.

답보 상태에 있는 기업의 대표적인 특징은 수평적 구조를 맹신한다는 것이다. 과거에 이런 기업들은 사내에 제품을 설계·제조할 수 있는 엔지니어들을 두고 '찰떡 호흡'을 기반으로 성공을 거두어왔다. 기업 내부에 기획부터 제조, 영업까지 기업 운영에 필요한 모든 역량이 집결되어 있었던 것이다. 그러나 제품의 사양이 표준화되지 않았던 탓에 외주화를 통해 비용을 절감하는 방식을 채택할 수 없었고, 이 때문에 시대의 흐름에 뒤떨어진 감이 있다.

이런 기업들은 내부에 역량을 갖춘 관계자가 많은 만큼 서로 조정해야 할 일도 많다. 수평적 구조를 유지하는 데 지나치게 많은 에너지를 소모하는 것이다. 그런 만큼 아직 내부에서의 조정을 중시하는 회사 중에는 외부와의 경쟁에서 패한 곳이 많다. 무엇을 하든 수많은 부서가 관여하는 것이 일상화된 탓에 조정만 하다 의사 결정을 내리지 못하게 되거나 결정이 매우 늦어지는 현상이 일어나기 때문이다. 실제로 많은 대기업이 사내 조정만 하다가 시간을 허공에 날려 버리는 '무거운' 조직이 되어 버리곤 한다.

간접 부문은 이전보다 확실히 무거워진 게 사실이다. 과거에는 대략적인 직감으로 전략을 세웠었는데, 어느 시점부터 중기 계획을 중요시하면서 그에 따르는 원칙을 만들거나 정밀한 중기 경영 계획을 책정하는 데 많은 공을 들이고 있다. 이제 중기 경영 계획은 회사 전체가 참가하는 거대한 연례행사가 되었고, 중기 경영 계획을 책정하는 것이 전략이라고 착각하는 지경에 이르렀다.

인사부서도 인재를 과감하게 발탁하는 것은 꿈도 못 꾸게 되었고, 무엇보다 리더십과는 상관없는 객관적인 데이터를 수집하는 등의 업무가 중심이 되었다.

이런 무거운 조직이 되면 전문적으로 조정 업무를 담당하는 중간 관리직들이 조직을 움직이게 되며, 최고 경영자는 그저 감투만 쓰고 있을 뿐 움직이고 싶어도 마음대로 움직일 수 없는 상황이 된다. 이렇게 되면 직위만 사장일 뿐 권력이 없는 것과 다름없다. 절차를 과도하게 중시하는 조직에서는 권력이 하부조직인 사업부서로 넘어가 버리는 것이다.

이렇게 무거워진 조직을 움직이기 위해서는 누군가 특출한 리더가 자신의 권력 기반을 구축한 후, 조정 업무에 많은 시간과 에너지를 빼앗기고 있는 관료들로부터 그 권력을 되찾아올 필요가 있다.

기업이 컨설팅을 쉽게 받아들이지 못하는 이유

•

필자가 10년 동안 몸담고 있었던 맥킨지는 전략 컨설팅 회사로, 전 세계에서 1만 명의 컨설턴트가 일하고 있으며, 수많은 대기업을 고객으로 삼고 있다. 맥킨지 직원들은 한가할 틈이 없으므로(그런 경우에는 금방 해고되기 때문에), 컨설턴트 수가 업무의 양을 정확하게 반영한다고 볼 수 있다. 그리고 세상에는 맥킨지 말고도 수많은 컨설팅 회사가 활동하고 있다. 그만큼 전 세계 곳

곳에서 컨설팅을 필요로 하는 기업이 많다.

그런데 컨설팅이 제대로 정착하지 못하는 기업들이 있다. 기업의 성장을 도모하거나 정체를 회피하거나 특정한 문제를 해결하기 위한 방법으로 컨설팅을 고려했다가 번번이 좌절하거나 컨설팅을 받더라도 실패로 끝나는 기업들이 많은데, 그 이유는 무엇일까?

그 이유 중 하나는 기업에서 최고 경영자의 권력이 의외로 약하다는 점이 아닐까 싶다. 전략 컨설턴트의 역할은 전략 시나리오를 짜고 최고 경영자의 의사 결정을 지원하는 것이다. 어디까지나 의사 결정권자인 사장이 고객인 것이다.

전략 컨설팅 의뢰를 하면 사장과 컨설턴트가 직접 만나 컨설

[그림 A] 강한 권력이 중심에 자리한 회사와 권력이 분산되어 중심이 비어 있는 회사

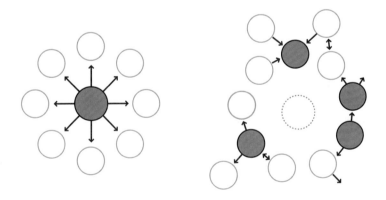

팅 진행을 하는 것이 보통이지만, 기업이 클수록 프로젝트가 톱다운(top-down) 방식으로 사장에게서 바로 시작되는 경우가 거의 없다. 대기업과 프로젝트를 진행하려면 컨설턴트는 중간 관리자와 끊임없이 논의를 해야 하는 것이 현실이다. 조직의 권력이 사실상 크게 분산되어 한가운데는 비어 있고 조직의 여기 저기서 서로 다른 목소리가 난무하는 것이다.

벤처기업의 성장을 가로막는 것들

●

다른 업계도 사정은 마찬가지다. 요즘과 같은 대기업과 벤처기업 경영 환경에서는 벤처기업이 성장하지 못한다는 이야기가 종종 나오는데, 사실은 매우 많은 벤처 창업자가 활약하고 있기는 하다. 지금은 벤처캐피털도 많아졌고 그 규모도 커졌기 때문에 창업가가 자금을 조달하기도 쉬워졌다. 다시 말해 지금은 오히려 창업하기에 좋은 환경이라고 할 수 있다.

문제는 출구다. 비즈니스의 '입구'가 아니라 '출구'가 매우 좁아진 것이다. 벤처기업이 성장하기 위해서는 사실상 주식을 상장하는 것밖에 출구가 없다. 미국은 어느 정도 성공한 벤처기업이 M&A 등을 통해 대기업에 매수되는 사례가 많은데, 일본의 경우는 이런 식의 출구가 거의 없다.

수많은 벤처기업 중 주식을 상장하는 기업은 얼마나 될까? 사실 그 비중은 매우 낮고, 무엇보다 시간이 오래 걸린다. 틈새 기술 하나로 특화한 회사의 경우는 더더욱 상장이라는 출구를 찾기 어렵다. 상장할 전망이 희박하다는 이유 때문에 벤처캐피털로부터 재정 지원도 받을 수 없기 때문이다.

왜 이렇게 벤처기업은 대기업에 매수되기 힘들까? 특히 해외 M&A에는 별다른 저항이 없으면서 자국 내의 벤처기업을 매수하는 데는 신중한 모습을 보이는 이유는 무엇일까?

이에 대해서 대기업 관계자에게 물어보면 "이미 사내에 인재가 있기 때문에 굳이 그럴 필요가 없다"라고 대답하는 경우가 많다. 요컨대 M&A를 실시한 결과 사내에 있는 인재와 겹치는 사람이 늘어나 쓸데없는 힘겨루기를 하는 상황을 만들고 싶지 않은 것이다. 즉 M&A를 통해 벤처기업을 인수하지 못하는 이유 중 하나는 기업 내부의 사람들을 설득하기가 어렵기 때문이다. 회사 내의 구성원 모두가 행복해지는 결정은 사실 거의 없기 때문에 M&A를 하지 않는다는 결론인 셈이다. 즉, M&A이나 컨설팅이 어려운 이유는 최고 경영자가 아니라 익명의 '무거운' 조직을 상대해야 하기 때문이다.

조직이 수평적 구조에 대한 맹신에 빠지면 아무것도 결정할 수 없게 된다. 많은 부서가 관여하는 상황에서 참석자 전원이 합의할 수 있는 경우는 거의 없다. 반드시 반대하는 부서가 나온다. 하물며 대담한 전략의 경우는 특정 부서에 과부하가 걸리고 자칫하면 폐쇄되는 부서도 생길 수 있기 때문에 전원 합의는 더 더욱 불가능해진다.

커다란 개혁을 할 때, 사내의 모두가 행복해지는 상황은 있을 수 없다. 결국 최고 결정권자가 혼자서 결정하지 않으면 결정될 일도 결정되지 않게 된다.

모두가 합의하는 전략이 가장 나쁜 전략이다

●

일반적으로 전략이라는 것은 대담하고 재미있는 것일수록 불확실성이 커지고, 사람에 따라 평가가 달라지기 마련이다. 반대로 말하면 일부가 "그거 좋은데? 바로 그거야!"라고 반응하는 전략보다 대다수가 "그런 게 잘될 리 없잖아"라고 부정적인 반응을 보이는 것이 성공의 가능성도 큰 대담한 전략이다.

그런 까닭에 지나치게 수평적인 조직에서는 대담한 전략이 나오지 않는다. 물론 실행 단계까지 가려면 많은 사람의 지지가 필요하지만, 적어도 안건을 개발하는 단계에서는 찬반양론이 격렬하게 맞부딪칠 만한 참신하고 급진적인 전략이 나와야 한다. 전원 일치를 지향해서는 급진적이고 재미있는 전략을 수립하기 힘들다. 따라서 적은 수의 인원이 모여 진짜 의사 결정을 할 수 있어야 한다.

논리적으로 사고하는 것만으로 성공을 보장하는 전략이 도출되는 것이 아니다. 또, 누가 봐도 논리적이고 객관적으로 올바른 전략, 모든 것을 빈틈없이 검토한 전략이 있다면 이미 다른 경쟁사가 하고 있을 것이다. 그것은 대담한 전략이라고 할 수 없으며, 그런 진부한 전략으로는 승리할 수 없다.

기업이 쇠퇴하는 전형적인 패턴은 사내의 합의를 우선시한 나머지, 남들이 하는 진부한 전략만 계속 실행하다가 결국 회생의 기회를 놓치는 것이다. 다른 사람의 이야기에 귀 기울이는 우수한 사원은 많지만 진정으로 의사 결정을 할 수 있는 소수의 권력자 그룹이 없기 때문에 외부에서 봤을 때는 전략이 없는 조직이 되는 것이다.

실적 부진으로 허덕이던 파나소닉은 2013년 4~6월 분기 결산 결과 매출이 1퍼센트 증가하는 데 그쳤는데, 최고 경영자는 이에 아랑곳하지 않고 49개 사업을 전부 흑자로 만들겠다는 방침을 천명했다. 그러나 기존의 사업을 전부 흑자로 만든다는 것은 전략이라고 할 수 없다. 투자자라면 한 회사에 사업이 49개나 된다는 것 자체가 이미 전략이 없는 것이라고 보고, 설령 리더의 머릿속에 전략이 있다 해도 그것을 실현할 권력 기반이 약하다는 의미라고 생각할 것이다.

다만 그 방침이 나온 시점은 파나소닉의 사장이 교체된 지 얼마 지나지 않았던 때로, 이후 사장의 권력 기반이 탄탄해졌다면 좀 더 역동적인 회생 전략이 나올 수도 있었을 것이다. 이에 관해서는 뒤에서 이야기하겠다.

그렇다면 사장이 권력 기반을 어떻게 강화하고 있는지를 외부에서 판단할 방법이 있을까?

권력의 메커니즘에 관한 안목을 키우고 조직의 변혁이나 인사이동을 주의 깊게 분석하면, 공개된 정보를 통해서 리더의 권력 기반이 어떤지 엿볼 수 있다. 이것은 M&A를 검토할 때도 매우 유용한 방법이다. 기업 소유주 일가의 집안싸움 같은 수준 낮은 언론 기사밖에 없는 경우라도 그 기사에 적혀 있는 사실 관계는 대상이 되는 회사의 권력 메커니즘을 해석할 때 매우 중요한 정보가 된다.

권력의 메커니즘을 읽어내는 방법에 관해서는 뒤에서 자세히 설명하겠다.

사장의 눈을 가리는
회사의 강점

회사의 역량을 하나로 모으려고 할 때 써먹기 좋은 개념 중 하나로 '강점을 살린다'라는 것이 있다. '우리 회사의 강점인 기술력을 살려서…', 혹은 '설계에서 제조, 판매까지 일괄적으로 실시하는 비즈니스 시스템이 우리 기업의 강점' 같은 문맥으로 자주 사용되는 개념이다. 그러나 자기 멋대로 설정한 강점을 살리려다가 나락으로 떨어지는 기업이 매우 많으니 주의가 필요하다.

제록스는 복사기 시장에서 광범위한 특허 기술과 압도적인 서비스망을 무기로 다른 회사의 추종을 불허하며 한때 큰 수익을 올렸지만, 너무나도 크게 성공한 나머지 '우리의 강점은 서비스망'이라고 착각하고 말았다. 1980년대는 회사에 커다란 복사기를 갖추고 그 복사기를 전문적으로 조작하는 인력을 두는 것이 보통이었다. 당시의 복사기는 대형인 데다 조작 방법도 복잡해 고장이 잦았고 전문가가 바로바로 대처해야 했기 때문에 분명히 서비스망이 중요했다. 그러나 기계 자체의 고장이 감소하고 캐논에서 소형 복사기를 보급하면서 서비스망은 무용지물이 되었다. '서비스망이 강점'이라고 생각했던 제록스는 이런 변화에 제대로 대응하지 못해 큰 실패를 맛봐야 했다.

'우리 회사의 총력을 결집한다'라는 구호에는 특히 주의해야 한다. 외부의 다른 기업과 협업하는 편이 훨씬 빠르게 시장에 침투하는 방법일 수 있는 상황이라면, 회사 내부에서 조정을 거치는 사이에 기민하게 움직인 경쟁 상대에게 추월당할 수 있기 때문이다. 무엇보다 사업의 다각화를 정당화하는 데 이보다 편리한 말은 없다.

일본의 히타치제작소가 동등한 성능의 반도체를 거의 같은 시기에 개발했으면서도 직원 수가 열두 명에 불과했던 영국의 ARM에 패해 업계에 커다란 충격을 주었던 일이 있다. 지금은 ARM이 세계 모바일 프로세서 시장에서 압도적인 점유율을 자랑하고 있지만, 초기 단계에서는 연구 개발력이나 성능, 제조 능력 등 모든 측면에서 히타치제작소가 더 우위에 있었다.

그렇다면 히타치처럼 큰 기업이 왜 작은 기업에 참패했을까?

그 이유에 대해서는 여러 설이 있지만, 자사에서 직접 반도체뿐 아니라 휴대폰까지 모두 제조한 것, 즉 기업의 총력을 결집해 승부하려 한 것이 오히려 패배의 원인이 아닐까 한다. 자사의 반도체 공장이 있고 최종 제품인 단말기도 자사가 만들면 설계만 하는 ARM보다 훨씬 우위에 있는 것처럼 보일 수 있다. 그러나 기업의 총력을 다해 최종 제품까지 만들고 있다는 것은 중심 고객이 내부에 있다는 의미이기도 하다. 그러나 아무리 큰 회사일지라도 기업 내에서의 매출만으로는 글로벌 시장에서의 점유율이 극히 낮을 수밖에 없다. 그런 탓에 적극적으로 외부에 라이선스를 공여한 ARM에 업계 표준이 될 기회를 빼앗겨 버린 것이다. 일명 '캡티브 마켓(captive market, 계열사 간 내부시장)의 함정'에 빠진 것으로, 이는 다각화·수직적 통합을 하는 대기업이 신흥 기업에 패배할 때 빠지기 쉬운 함정 중 하나다.

기업의 총력을 결집하고 사내의 여러 사업을 연계시킨다는 것은 각 사업의 대표자가 참석하는 회의 등에서는 좋게 받아들여질지 모르지만, 각 사업의 자유도는 크게 훼손된다.

만약 당신의 회사가 '강점을 살린다'라는 구호를 외치고 있다면, 조직을 보존하기 위해 불필요한 부분에 대해 눈감고 있는 것은 아닌지 돌아볼 일이다. 프로 경영자의 목적은 어디까지나 수익 창출과 높은 시장 점유율 확보이며, 강점을 살린다는 것은 수단이어야 한다. '강점을 살린다' 같은 구호로 현상 유지를 정당화하고 있는 회사라면 최고 경영자가 조직 내에서의 권력투쟁에서 지고 있을지도 모른다.

내부의 적,
"조직 문화니까 어쩔 수 없어"

의사 결정이란 복수의 시나리오를 비교 검토한 뒤 하나의 선택지를 정하는 것이다. 그러나 실제로는 무엇도 선택할 수 없게 되는 상황이 발생할 수 있다. 무거운 조직에서는 어떤 의사 결정을 하려고 해도 논리를 앞세워 명쾌하게 결정할 수가 없게 된다. 목소리 큰 사람에게 끌려다니다가 수렁에 빠져 버리는 것이다. 이렇게 되면 어떤 선택을 하는 것도 쉽지 않게 된다.

제대로 된 결정을 하려면 조직에 물든 관성을 타파할 필요가 있는데, 이렇게 하기 힘든 회사가 많다. 때로는 '조직 문화'라는 것이 꼭 필요한 변화를 받아들이기 어렵게 하는 하나의 이유가 되기도 한다.

그런데 조직 문화에 대해 맹신하는 사회에서는 조직 문화를 어쩔 수 없는 것, 바꿀 수 없는 것(뇌의 구조 같은 것은 바꿀 방법이 없다는 식으로)으로 인식하기 때문에 그것을 바꾸자는 생각이나 노력은 절대 생겨나지 않는다.

그러나 사실 조직 문화라는 것은 분명히 존재하기는 하지만 사람들의 인식만큼 고정적인 것은 아니다. 벤처기업에서 대기업으로 성장하면 전혀 다른 사풍(社風)의 회사로 변신하듯 조직 문화는 아주 간단하게 바뀌기도 한다. 다시 말해 조직 문화는 기업의 문화적 특성이라기보다 조직을 구성하는 사람들의 특성이 드러나는 것이라고 할 수 있는 것이다.

어느 기업의 독재 예찬

●

조직을 중시하고 예의가 바르며 신사적인 기업이라는 이미지가 널리 퍼진 한 기업이 있다. 그러나 이 그룹의 창업자는 회사의 사규를 이렇게 제정했다.

하나, 당사는 일단 회사라는 이름을 사용하고 회사의 몸을 가지고 있기는 하지만 그 실체는 바로 한 가문의 사업으로, 자금을 모집해 회사를 세운 다른 곳들과는 크게 다르며, 그런 까닭에 회사와 관련된 일체의 것과 포폄출척(褒貶黜陟) 등은 전부 사장의 독단에 따라야 한다.

하나, 그런 까닭에 회사의 이익은 전부 사장에게 머물러야 한다.

'포폄출척'이란 옳고 그름이나 선악에 대한 판단과 결정, 그에 따르는 상벌·승진과 강등을 말하는 것으로, 위의 사규는 간단하게 말하면 인사에 관한 모든 권한은 사장에게 있으며, 회사의 수익 또한 전부 사장에게 귀속된다는 말이다. 이는 오늘날 이 그룹의 이미지와는 정반대되는 것으로, 창업자는 말 그대로 독재를 강행하려 했던 것으로 보인다.

이것이 단순한 슬로건이 아니었음은 당시의 인사 제도를 봐도 알 수 있다. 이 기업의 창업기에는 미적지근한 연공서열 따위는 없었다. 최고 지위인 간사 자리에 있었던 한 인물은 두 차례의 실패 이후 과장으로 강등되었고, 입사한 지 10년 만에 월급이 30배 이상 뛴 인물도 있었다.

대기업도 처음에는 벤처기업이었다

•

일본 후쿠시마 원자력발전소 사고에 관한 국회 사고조사위원회의 최종 보고서 서문에는 "일본의 문화가 사고를 낳았다"라고 적혀 있다. 이에 대해 아무리 그래도 그건 아니지 않냐며 "문화를 방패로 책임과 해결 방안으로부터 도피하고 있다"라고 비판한 해외 언론이 있었다.

블룸버그는 2012년 7월 8일 자 사설에서 "국회 사고조사위원회의 보고서에서 크게 실망스러운 점은 후쿠시마에서 일어난 참사를 문화가 가져온 재앙으로 결론 내렸다는 것"이라고 지적하며, 일본의 집단주의에 책임을 돌리는 것은 '책임 회피'일 뿐이라고 비판했다. 그러면서 블룸버그는 "안전 규제가 충분히 강화되지 않고, 오래된 내부 관계자가 업계의 이익을 보호하려 하는 것은 비단 일본에서만 일어나는 현상이 아니다"라고도 했다.

문화의 문제라고 지적받고 '애초에 이 조직에 내재하는 근본적인 문제', 나아가 태생적인 한계까지 지적하는 말을 들으면 듣는 사람은 막막해지면서 일종의 사고 정지 상태에 빠지게 된다. 이런 지적은 어떤 해결 방안으로도 이어지지 않으며, 문제 해결을 포기하게 만들 뿐이다. 어떤 문제점이든 문화의 문제로 치부하면 그 순간 '어쩔 수 없는 문제', '바꾸려면 시간이 너무 많이 걸리기 때문에 결국 개혁은 불가능하다'라는 생각을 하게 된다. 따라서 의견을 내놓으려거든 좀 더 구체적이고 논쟁을 낳을 만한 급진적인 의견을 내놓아야 한다.

도쿄전력은 진짜로 '일본의 조직이기 때문에' 문제가 많았던 것일까? 이는 기업의 과거와 현재의 모습을 비교해보면 알 수 있다.

도쿄전력은 원래 벤처기업이었다. 제2차 세계대전 이전에 도쿄에는 최대 100개가 넘는 전력 회사가 있었고, 각각의 회사가 제멋대로 발전소와 송전망을 건설하는, 말 그대로 혼돈의 시대였다. 그때 자본의 논리로 M&A를 거듭하며 난무하던 전력 회사들을 통합해 현재와 같은 대기업의 형태로 만든 사람이 있는데, 야마나시현 출신의 재벌이었던 와카오 잇페이였다. 자본주의의 화신이자 지금으로 치면 소프트뱅크의 손정의 회장 같은 창업가였던 그는 대담하게 경쟁 회사들을 인수하면서 정상까지 올라갔다.

와카오 잇페이와 오늘날 도쿄전력의 예의 바른 월급쟁이 집단, 일류 대학을 졸업하고 한 회사에서 30년 이상 일하며 사회와는 단절된 환경에서 순수 배양되어온 엘리트 사장들 사이에는 큰 차이가 있다. 일본 문화 때문에 개혁이 어렵다면 와카오 잇페이의 행적과 성과는 대체 어떻게 설명할 수 있단 말인가?

이는 문화의 차이가 아니라 오히려 창업가인가, 대를 이은 사장인가의 차이라고 봐야 할 것이다. 대를 잇는 사이에 역동적으로 의사 결정을 할 수 있는 독재력은 사라지고 무거운 조직으로 퇴화되었기 때문에 드러나는 차이라는 말이다.

권한 위임에 대한 뿌리 깊은 오해가 회사를 망친다

권한 위임은 조직을 운영하는 데 있어서 당연한 일이지만, 권한 위임을 잘못하게 되면 최고 경영자가 지도력을 잃게 되고 만다. 이런 일은 실제로 많은 회사에서 일어나고 있다.

 최고 경영자가 하는 일은 현장 정보를 수집하고, 그 정보를 바탕으로 회사 전체의 전략을 결정한 다음, 현장에서 그 전략을 철저하게 실행하도록 만드는 것이다. 그런데 미움을 사는 것이 두려워 현장 일에 참견하기를 망설이면서 '권한 위임은 곧 현장에 전부 맡기기'라고 착각하는 리더가 많다. 그 결과 현장에 있는 사람들은 자신이 보스인 줄 착각하고 폭주하며, 최고 경영자는 리더로서의 소임을 다하지 못하고 공중에 붕 떠버리는 일이 실제로 일어나고 있다.

어느 벤처기업의 사장이 대형 전자제품 제조사와 미팅을 하기 위해 약속 장소에 나갔다. 그런데 자신은 혼자 온 데 비해 그 제조사에서는 무려 열일곱 명이 나온 것을 보고 깜짝 놀랐다고 한다. 그 열일곱 명도 분명 과한 숫자인데, 거기에 "오늘은 제조 부서에서 다섯 명이 사정이 있어서 참석하지 못하는 바람에 관계자 전원이 모이지 못했습니다. 나중에 다시 기회를 마련하겠습니다"라고 말해 할 말을 잃었다고 한다.

벤처기업으로서는 매출이 발생하지 않는 교섭 기간이 너무 길어지면, 회사의 존립에 타격을 받기 때문에 시간이 곧 생명이다. 결국 그 벤처기업은 열일곱 명이 미팅에 나온 대기업이 아니라 아시아의 신흥 기업과 제휴를 맺었다. 아시아의 신흥 기업이라면 사장이나 사장 대리인이 직접 교섭에 나서고 신속하게 결단을 내릴 것이기 때문이다.

그런데 위의 대기업에서는 왜 관계된 모든 부서의 사람들이 회의에 참석하려고 한 걸까?

이는 '권한 위임'이라는 말의 의미를 잘못 이해하고 있기 때문이다. 권한 위임은 결정 권한을 갖고 있는 사람이 누군가 다른 사람에게 자신의 전권을 위임하는 것을 말한다. 그런데 애초에 사장에게 권한이 없다면 그것을 어떻게 위임할 수 있겠는가? 오늘날 많은 대기업에서 사장은 최종 결정권자가 아니다. 그렇다고 다른 특정한 결정권자가 있는 것도 아니다. 의사 결정에 관한 권한이 얕고 넓게 분산되어 소재 불명 상태가 돼 버린 것이다.

기능이란 기능은 있는 대로 다 갖춘 기괴한 UI(사용자 인터페이스)를 가진 제품, 엔지니어를 만족시킬 뿐 아무도 읽을 엄두를 내지 못하는 두툼한 사용설명서가 한때 잘나가는 전자제품의 대명사였는데, 이는 사내의 권력이 얕고 넓게 분산된 결과다. 신제품 하나를 시장에 출시하려고 해도 마케팅 부서나 판매 부서에서 이것저것 참견을 하는 것이다.

불필요한 기능은 버리고 필요한 기능만으로 압축하려면 최고 경영자에게 매우 강력한 결정권이 부여돼야 한다. 양쪽의 주장을 다 받아주고 전체의 화합을 추진하는 것뿐이라면, 권력은 필요가 없다. 제조 부서, 설계 부서, 마케팅 부서의 의견이 다 다르고 그 위에 있는 최고 경영자의 권력이 강하지 않으면 출시할 제품은 결국 개성이 무엇인지 알 수 없는 타협의 산물이 되고 만다.

의사 결정권자 한 사람의 의향이 제품 구석구석까지 반영되는 애플의 아이폰 같은 제품이 될 것인가, 아니면 결정권이 얕고 넓게 분산된 조직이 만들어낸 이도 저도 아닌 제품이 될 것인가? 오늘날 제품의 성패는 여기에서 갈린다.

애플도 아이팟이 출시되기 전에는 한때 실적 부진으로 매각을 검토한 적이 있었다. 만약 그때 애플이 다른 나라, 다른 기업에 매각되었다면 애플의 브랜드, 인력, 기술력은 전부 그 매수

기업이 계승했을 것이다. 그러나 그 기업이 지금의 애플 같은 강력한 기업이 되었을 것이라고 생각하는 사람은 없을 것이다. 애플의 성공은 스티브 잡스(Steve Jobs)가 경영했기에 가능했지 기술력이나 인력, 브랜드, 자본 덕이 아니기 때문이다.

Z이론에 대한 오해

•

권한 위임은 원래 과도한 톱다운 방식에 대한 반성에서 시작해, 현대의 조직에서는 말단 직원이나 중간 관리직의 자주성을 최대한 활용해야 한다는 문제의식에서 출발했다. 그러나 권한 위임을 잘못하면 의사 결정권자가 누구인지 알 수 없게 된다. 원래 중심이 되어야 할 의사 결정권자의 자리가 공백 상태가 되어서 아무리 중심에 도달하려고 애를 써도 주변 사람들에게만 다다를 뿐 의사 결정의 주체에는 도달할 수가 없는 것이다.

권한 위임의 의미를 잘못 이해하게 된 것은 서양으로부터 경영 이론을 직수입하면서 생긴 폐해인지도 모른다. MIT의 더글러스 맥그리거(Douglas McGregor) 교수는 자신의 저서 《기업의 인간적 측면(The Human Side of Enterprise)》에서 다음과 같이 말했다.

인간의 본성에는 두 가지 측면이 있다.

첫째, 인간은 원래 일하기 싫어하고 책임지고 싶어 하지 않기 때문에 내버려 두면 일을 하지 않게 된다.

⇨이런 사람들은 명령이나 강제적 수단을 통해 철저하게 관리되어야 한다(X이론).

둘째, 인간은 원래 자발적으로 일하고 싶어 하며, 자기실현을 위해 스스로 행동하고 앞장서서 문제를 해결한다.

⇨이런 사람들은 자주성을 존중하는 경영 기법을 적용할 때 효과적이다(Y이론).

맥그리거 교수는 이 이론을 에이브러햄 매슬로(Abraham Maslow)의 '인간 욕구 5단계 이론'과 관련지어 설명하는데, X이론은 저차원의 욕구를 많이 지닌 인간의 행동 모델에 적용되고, Y이론은 고차원의 욕구를 많이 지닌 인간의 행동 모델에 적용된다고 여긴다. 그리고 저차원의 욕구가 충분히 충족되고 있는 현대 사회에서는 Y이론에 입각한 경영 기법의 필요성이 높아지고 있다고 주장한다.

이 이론은 미국에서 발표되었지만 사실은 일본에서 출발했다. 1960~1980년대에 일본 기업이 약진한 커다란 요인은 공장에서 노동자의 자주권을 존중하고 사기를 높였으며 품질관리 활동(QC circle: Quality Control circle)을 통해 품질을 향상한 데 있었다. 여기에 주목한 미국인이 일본 기업을 세세하게 연구하고 사원의 기업에 대한 충성심이나 품질 향상 의식을 끌어올리는 방법을 공식화한 것이다.

그 후 일본계 3세인 윌리엄 오우치(William Ouchi) 교수는《Z이론(Theory Z)》이라는 책에서 HP, IBM, P&G 등의 우수한 미국 기업은 우수한 일본 기업과 마찬가지로 X이론과 Y이론의 장점을 모두 받아들인 'Z이론'을 통해 현장과 관리직의 신뢰 관계를 바탕으로 경영되고 있다고 논했다. 다시 말해 일본의 제조 현장에서 추출된 이론이 미국에서 정립·범용화된 것이다.

그런데 X이론과 Y이론의 장점이 조합되었다는 것이 오우치 교수가 말하려는 핵심인데, 현재는 Y이론만 주목받고 X이론은 구시대적인 것으로 치부되며 점점 무시되고 있다. 요컨대 일부에서는 Z이론을 착각해서 권력을 손에 쥐고 자기 뜻대로 빠르게 의사 결정을 하는 경영자는 시대에 뒤떨어진 존재이며, 최대한 권한을 위임하는 것만이 선진적이라고 여기게 된 것이다.

오늘날 기업이 답보 상태의 무거운 조직이 되어 가는 데는 Z이론이 그것을 정당화하고 보텀업(bottom-up) 방식을 예찬하는 이데올로기로 작용했기 때문일 수도 있다.

일과 사생활의 균형, 다양성을 강화하지 않으면 우수한 인재를 확보하지 못하고, 경쟁에서도 살아남을 수 없는 시대가 된 것은 분명하다. 그러나 그와 동시에 조직이 살아남으려면 강력한 의사 결정권을 가진 사람이 필요하다. 즉, 권력이 한곳에 집중되어야 한다. 변화가 큰 시대에 살아남기 위해서는 X이론도 여전히 중요한 것이다.

사장에게 필요한 건
아이디어가 아닌 권력이다

지금까지 의사 결정권자인 최고 경영자의 결정력을 저해하는 네 가지 이데올로기를 살펴봤다. 정리하면 다음과 같다.

 1. 수평적 구조에 대한 맹신

수평적 구조하에 사내에서 의견의 일치를 추구하는 방식이 사업 성과에는 마이너스로 작용할 수도 있다. 전원 일치 방식으로는 아무것도 결정할 수 없다.

 2. 제멋대로 설정한 회사의 강점

'강점을 살린다'라는 구호는 언뜻 보기에는 멋질 수 있지만, 사실은 조직이 자기 보신을 꾀하는 것에 불과할지도 모른다.

이 때문에 전략적 자유도가 크게 낮아져 리더가 올바른 사고와 판단을 할 수 없게 된다.

3.조직 문화 탓

어떤 문제를 문화 탓으로 돌리면 개혁은 한없이 어려워 보이게 되며, 그 결과 눈앞이 캄캄해져 문제를 해결하고자 하는 마음에 찬물을 끼얹게 된다. 그러나 조직은 리더가 누구인가에 따라 180도 바뀔 수 있다. 문화가 문제가 아니라 단순히 어떤 사장이 경영하는가가 문제일지도 모른다.

4.잘못된 권한 위임

권한 위임을 잘못하면 회사의 결정권자가 누구인지 알 수 없게 되어 권력이 공동화(空洞化)되고 만다. 사업 운영에 있어서 권력은 여전히 중요하다.

그런데 오늘날의 기업에는 이렇듯 권력에 대해 부정적으로 보는 네 가지 이데올로기가 뿌리 깊게 침투해 있다. 따라서 리더가 이를 타파하기 위해서는 이론적으로 무장할 필요가 있다. 또 동시에 권력을 활용할 줄도 알아야 한다.

물론 리더에게는 전략이나 아이디어 등의 구상력도 필요하다. 그러나 구상력만으로는 부족하다. 아무리 분석을 잘하고 아무리 논리력이 뛰어나도 그것을 자신의 생각대로 실현하는 독재력이 결여되어 있으면 결국은 조직을 움직일 수 없다.

앞에서 이야기했듯이 리더의 힘은 '아이디어(구상력)+독재력(조직을 움직이는 힘)'이다. 두 가지 능력 가운데 리더에게 진짜로 필요한 것은 독재력이다. 아이디어는 리더에게 부족하면 참모가 가지고 있으면 된다. 앞으로는 권력을 획득하고 권력 기반을 강화하며 조직 동원력을 최대한 활용할 수 있는 독재력 스킬이 더욱 중요해질 것이다.

독재력으로 조직의 관성을 타파하라

●

그동안 권력의 중요성이 무시되어 온 이유는 대부분의 산업이 지속적으로 성장하며 행복한 시대가 계속돼 왔기 때문일 것이다. 이런 고도 성장기에는 굳이 강한 권력을 이용해 의사 결정을 하지 않고 늘 하던 대로 하기만 해도 사업이 성장할 수 있었다. 이 시기에는 종신 고용이 보장되고, 연공서열에 의한 승진과 보상이 당연하게 받아들여졌기에 승진 욕구나 권력욕을 보이면 오히려 주위 사람들에게서 미움을 받을 뿐이었다. 이처럼 독재력이 필요 없었기에 그 능력은 자연히 퇴화해 갔다.

그런데 그 결과 사원들은 세계 최고 수준의 의욕과 능력을 보유하고 있지만 의사 결정권자의 수준은 그에 미치지 못하게 된 것이 오늘날 대부분 기업의 현실이 되었다. 큰 이익을 내고 있는 것도 아니고 성장하고 있는 것도 아니며, 국내 시장의 축소와 함께 완만하게 쇠퇴할 것이 확실한 회사, 지금의 상태로 한동안은 먹고살 수 있겠지만, 아무리 생각해도 장기적인 비전이 보이지 않는 회사, 높은 자리에 있는 사람들의 위기의식이 퇴화했음에도 이를 심각하게 여기지 않는 회사가 된 것이다.

이와 같은 절망적인 상황에서 벗어나 조직이 살아남으려면 독재력이 반드시 필요하다. 다음 장부터는 어떻게 해야 그 독재력을 강화할 수 있는지에 관해 구체적으로 고찰하려고 한다.

2장

사장이
권력을
구축하는 방법

> "
>
> 사랑받는 군주가 되는 것을 포기하더라도
> 원한이나 증오를 사는 것만큼은 피해야 한다.
> 그러면서도 두려움의 대상이 되도록 노력해야 한다.
>
> "
>
> 마키아벨리

권력 기반을 구성하는
3개의 지지층

정치학자인 브루스 부에노 데 메스키타(Bruce Bueno de Mes-
quita)와 알라스테어 스미스(Alastair Smith)는 저서《독재자의
핸드북(The Dictator's Handbook)》에서 어떤 조직이든 다음
세 지지층으로 이루어져 있고, 각 지지층의 규모에 의해 권력의
구조가 결정된다고 했다.

1. 핵심 지지층
2. 예비 핵심 지지층
3. 일반 구성원

사장의 말을 듣지 않는 잠재적인 적대자는 어느 조직에나 있

기 마련이므로, 그들에게 대항할 자신이 총애하는 세력을 중심으로 권력의 기반을 다질 필요가 있다. 이들은 권력자의 '핵심 지지층' 혹은 '핵심 멤버'이며, 권력의 메커니즘에서 중요한 부분을 차지한다.

제1층: 핵심 지지층

●

핵심 멤버를 어떻게 골라내야 할까? 어쩌면 당신이 품고 있는 비전에 공감해 사심 없이 지지해주는 사람도 있을지 모른다. 그러나 문제는 권력자에게 다가오는 사람 중 일부, 아니 대부분은 속에 다른 마음을 품고 있다는 것이다. 사람의 마음속을 들여다볼 수는 없으므로 정말로 그 사람들이 당신의 비전이나 아이디어에 공감하는지, 그렇지 않은지는 끝까지 알 길이 없다.

그들에게서 강력하고 지속적인 지지를 이끌어내기 위해 가장 중요한 것은 '지지의 대가로 무엇을 줄 것인가?'이다. 권력을 쥔 사람 주변에는 많은 사람이 모여들게 되는데, 그렇다고 무작정 좋아하기만 해서는 실패하게 된다. 아무리 아군이라 해도 지속적으로 보수를 지불하지 않으면 결국 등을 돌리고 만다는 사실을 인식해야 한다.

그런 다음 '나의 권력을 지지해주는 대가로 누구에게 어떤 보상을 할 것인가'를 설계한다. 이때, 정에 휩쓸리지 않고 머리를 써서 꼼꼼하게 계산할 필요가 있다. 궁리를 통해 다양한 세력의 구성원 개개인에게 줄 인센티브까지 주의 깊게 설계함으로써 자신을 적대시하는 사람들의 힘을 약화하는 동시에 아군을 늘려가는 프로세스를 갖추는 것이 중요한 것이다.

핵심 지지층은 이처럼 권력자가 인센티브를 동원해 개인적으로 통제할 수 있는 지지 기반을 의미한다. 이들은 즉 "권력을 획득·유지·강화하기 위해 본질적으로 중요한 사람들로, 이들의 지지 없이는 권력을 유지할 수 없기에 반드시 필요한 사람들이다. 반대로 이들은 경우에 따라서는 리더에게 반대함으로써 권력을 유지하기 어렵게 만들거나 리더를 해고할 수 있을 정도의 권력을 가진 사람들"이다.[1]

기업에서는 주주의 이익을 대변하고 사장을 해임할 수도 있는 이사회가 여기 해당한다. 또 사장이 추진하는 정책을 실행하는 데 중요한 역할을 하는 일부 간부 사원도 핵심 지지층이라 할 수 있을 것이다.

핵심 지지층은 기본적으로 자신들이 받는 보수와 권력자에 대한 충성을 양손에 올려놓고 끊임없이 저울질한다. 즉, 핵심 지

---

1 Bruce Bueno de Mesquita & Alastair Smith, *The Dictator's Handbook: Why Bad Behavior is Almost Always Good Politics*, 2011.

지층 조합은 시시각각으로 변화하며 유동적이다.

제2층: 예비 핵심 지지층

●

예비 핵심 지지층은 권력을 획득·유지·강화하는 데 일정 부분의 영향력을 가진 사람들로, '인플루언서(influencer)'라고도 한다. 핵심 지지층의 '예비군'이라고 볼 수 있다. 권력을 강화하는 데 어느 정도 영향력을 갖고 있지만, 핵심 지지층처럼 직접 권력자를 해임할 수 있을 정도의 강한 권력을 가진 것은 아니다. 기업에서는 대주주나 간부 사원이 여기에 해당한다.

이 예비 핵심 지지층은 어떻게 권력자에게 도움이 될까?

권력자는 이 예비 핵심 지지층을 가능한 한 많이 확보해 지속적으로 핵심 지지층에게 압력을 가하도록 할 수 있다. 뒤에서 다시 살펴보겠지만, 참고로 핵심 지지층은 적을수록 좋고, 예비 핵심 지지층은 많을수록 좋다.

제3층: 일반 구성원

●

조직의 단순 구성원을 말하며, 누구라도 상관없는 익명의 사람

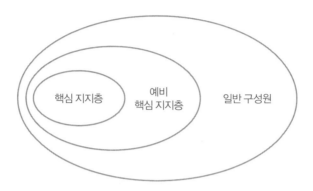

[그림 B] **권력 기반을 구성하는 세 지지층**

핵심 지지층
예비
핵심 지지층
일반 구성원

들이다. 정치로 치면 선거권을 가진 모든 유권자들이 여기에 해당한다. 유권자에게는 리더를 선택할 권리가 있지만, 대통령이나 지자체장을 뽑을 때 유권자 한 사람 한 사람의 개별적인 표가 선거에 미치는 영향력은 그다지 크지 않으므로 실제로는 권력을 획득·유지·강화하는 데 영향력을 크게 행사하지는 못한다.

기업의 경우 모든 주주가 주주총회에 참석할 수는 있지만 실질적인 영향력은 대주주나 기관 투자자에게 있고 일반 주주는 경영에 대한 영향력이 거의 없다. 일반 사원 역시 회사의 경영 방침에 대해서는 아무런 발언권도 없다.

이렇듯 일반 구성원은 큰 권력을 가지고 있지는 않다. 그러나 조직의 전투력을 결정짓는 데 있어서 매우 중요한 사람들이다.

사장이 꼭 알아야 할
권력의 법칙

가령 중국은 세습을 통한 절대군주 정권도 아니고 군부 독재 정
권도 아니다. 마오쩌둥(毛澤東) 시대 이후에는 과거 개인을 신격
화했던 데 대한 반성 차원에서 7인 집단지도체제를 택해왔다.
그러나 7인 집단지도체제는 일종의 독재 체제로 간주되었고,
그마저도 시진핑(習近平)의 장기 집권으로 사실상 와해되었다
고 볼 수 있다.

중국의 최고 권력자인 주석은 공산당 간부로 구성된 전국인
민대표회의(전인대)에서 선출되며, 공산당 총서기를 겸임한다.
행정부의 대표, 사법부의 대표도 공산당 간부 중에서 선출된다.

지방정부의 시장이나 지사도 일단은 선거로 뽑기는 하지만
중앙에서 파견된 공산당 서기나 부서기가 그들보다 지위가 더

높다. 또 병원이나 대학, 일반 기업에도 당위원회가 존재한다. 공산당이 거의 모든 조직의 상부부터 말단까지 빈틈없이 지배하는 체제인 것이다. 다시 말해 의회, 정부, 사법부, 군, 지방정부 등 모든 단체의 수장을 공산당이 독점하고 있는 일당 독재 체제라 할 수 있다.

민주주의 체제나 독재 체제는 명확하게 구분할 수 있는 것이 아니다. 중국도 자신들은 인민의 지지를 받는 공산당이 통치하고 있으니 민주제라고 주장한다. 그렇게 정의할 수도 있을 것이다. 즉 독재 체제나 민주주의 체제라는 말은 편의상 붙인 이름에 불과하다.

권력의 패턴은 앞에서 이야기한 세 지지층이 어떻게 구성되어 있는지를 분석함으로써 좀 더 명확하게 그릴 수 있다.

예를 들어 미국의 대통령 당선인은 '18세 이상의 모든 국민'이라는 매우 많은 명목상의 유권자, 즉 일반 구성원의 지지를 받고 있고, 진정으로 영향력이 있는 예비 핵심 지지층 유권자의 지지도 많이 받고 있으며, 핵심 지지층 수도 매우 많다. 다만 과반수는 아니다. 민주적인 선거일지라도 반드시 유권자의 50퍼센트 이상의 지지를 받아야 권력을 잡을 수 있는 것은 아니다. 각 나라의 상황에 따라 다르지만, 투표장에 가지 않는 사람도 많기 때문에 일반적으로는 전체 국민의 20퍼센트 이상이 지지하면 충분하다고 여겨진다.

북한의 김정은은 명목상 유권자 수가 국민 전체이므로 제3층이 매우 많지만, 영향력이 있는 제2층이 적으며, 아울러 매우 적은 수의 핵심 지지층을 보유하고 있는 것으로 보인다.

독재 체제라고 해도 그 구조는 매우 다양하며, 민주 체제 역시 각 나라마다 그 유형이 다 다르다.

기업에서는 출세해서 직위가 높아지면 보통은 제3층인 평사원, 즉 일반 구성원에서 제2층인 중간 관리자를 거쳐 제1층인 임원·이사로 올라간다. 그리고 그와 함께 권력과의 관계도 달라진다. 권력의 방관자에서 시작해 이윽고 영향력 있는 사람이 되고, 순조롭게 승진하면 마지막에는 권력의 일부를 가진 핵심 멤버가 되는 것이다.

그렇다면 이 세 지지층을 순서대로 살펴보면서 권력 기반을 어떻게 만들어가야 하는지 알아보자.

권력의 법칙 1.
핵심 지지층 수를 최대한 줄인다

권력자에게 중요한 일 중 하나는 자신을 직접적으로 지지하는 핵심 지지층을 끊임없이 통제하는 것이다. 얼굴을 마주 보면서 직접 소통하고 각자의 실력이나 행동을 파악하려면 핵심 멤버의 수는 적을수록 좋다. 많아도 60~70명이 한계일 것이다.

핵심 멤버가 고정적일 필요는 없다. 권력을 쥔 순간 권력을 장악하는 과정을 함께한 동지를 '숙청'하고 지지 연합을 교체하는 경우는 매우 흔하다.

쿠바의 피델 카스트로(Fidel Castro)는 1959년에 권력을 거머쥐었는데, 카스트로 정권 초기의 관료 스물한 명 가운데 열두 명이 그해가 가기 전에 사임하거나 해임되었다. 또 이듬해에는 네 명이 교체되었고, 카스트로의 권력 기반은 더 확고해졌다.

최초의 관료들은 혁명 당시 카스트로의 측근이자 가장 든든한 지지자들이었지만, 대부분 다음의 두 가지 운명 중 한 길을 걷게 되었다. 추방 또는 망명을 통해 쿠바를 떠나거나 처형당하거나.

카스트로와 가장 절친했던 혁명 동지 체 게바라(Che Guevara)도 예외는 아니었다.[2]

체 게바라는 볼리비아의 산악 지대에서 반정부 게릴라 활동을 벌이던 중 정부군에게 붙잡혀 처형되었는데, 볼리비아로 간 것 자체가 카스트로의 명령 때문이었다는 견해가 유력하다. 게바라는 폭넓은 층으로부터 지지를 받고 있었는데, 그렇게 유명하고 인기 있는 사람을 자국 내에서 처형할 수는 없었기 때문에 국외로 보내 암살한 것이라고 추측하는 것이다.

핵심 멤버 수가 적을수록 권력 유지를 위해 신경 써야 할 사람이 줄어들기 때문에 리더가 일을 하기가 더 쉬워진다. 핵심 멤버 수가 적으면 사람들의 행동을 관찰하기도 쉬워지고, 공헌도에 맞춰 각자에게 충분하게 보상해줄 수도 있기 때문이다.

기업에서도 핵심 지지자 수가 적을수록 사장의 권력이 강해

---

2 Bruce Bueno de Mesquita & Alastair Smith, *The Dictator's Handbook: Why Bad Behavior is Almost Always Good Politics*, 2011.

지는 경향이 있다.

창업한 지 오래된 기업에는 사장의 핵심 지지층인 이사가 적어도 30~40명은 된다. 이렇게 임원이 많은 기업은 내부 구성원들에 의해 집단지도체제로 경영되는 경우가 많다. 자연스럽게 사장의 권력이 축소되는 것이 보통이다. 한편 최근에는 대기업에서도 이사의 수를 최대한 줄이고 외부 이사의 비율을 높이는 추세다. 전자보다 후자가 설득해야 할 상대도 적고 사내 정치를 신경 쓰지 않아도 되기에 사장의 권력이 강화된다.

권력의 법칙 2.
제1층을 항상 불안정하게 만든다

먼저, 핵심 지지층 수를 줄이고 자신의 확고한 지지자로 만드는 동시에 그들을 불안정한 상태로 두어야 한다. 이는 권력 기반을 강화하기 위한 기본 이론이다.

핵심 멤버 수가 적어야 하는 이유는 핵심 멤버가 적을수록 개개인을 더 잘 감시할 수 있기 때문으로, 그렇게 해야 하극상 또는 반란의 잠재적 가능성도 낮출 수 있다.

또한 기존의 핵심 멤버를 대체할 예비 핵심 지지자 수가 많고, 자신이 결과를 컨트롤할 수 있는 '객관적인' 선거·투표 제도가 있다면 오래된 핵심 멤버를 실각시키고 새로운 멤버를 영입하기가 용이해진다.

이 경우 리더 혼자만의 의사로 기존 멤버를 실각시킨 것이 아니라는 논리를 만들 필요가 있다.

핵심 멤버를 불안정한 상태로 둠으로써 지속적으로 자신의 권력 기반을 강화한 유명한 사례가 있다. 바로 짐바브웨의 로버트 무가베(Robert Mugabe) 대통령이다.

과거 영국의 식민지로 백인의 지배를 받고 있던 짐바브웨(옛 명칭은 남 로디지아)에는 독립을 위해 싸우는 두 파벌이 있었다. 한쪽은 ZAPU(짐바브웨 아프리카 인민 동맹), 다른 한쪽은 무가베가 이끄는 ZANU(짐바브웨 아프리카 민족 연맹)였다. 이 두 파벌은 서로 대립하고 있었는데, 무가베는 1980년 대립하고 있던 ZAPU와 화해함으로써 내전을 종식하고 대통령이 되었다. 감동적인 연설로 파벌 간의 화해를 호소하고 백인을 몰아낸 후 정권을 잡았던 것이다.

그런데 막상 정권을 잡자 ZAPU의 협력이 더 이상 필요 없어진 무가베는 당연히 내각에 등용될 것으로 예상되었던 ZAPU의 리더를 배제했을 뿐 아니라 북한 민병대를 불러들여 ZAPU의 거점 지역을 무참하게 공격케 했다. 그뿐 아니라 ZANU 쪽 옛 동료들도 차례차례 배제했다.

그 대신 무가베가 핵심 지지자로 삼은 것은 놀랍게도 백인이었다. 특히 백인 리더와 관료들에게 협력을 구했다. 예상을 깨고 무가베가 백인을 중용하자 무가베를 두려워하고 불안에 떨던 백인들은 마음 놓고 기꺼이 무가베에게 협력하게 되었다. 그러나 무가베가 백인을 등용한 것은 그저 백인이 없으면 정부 조직을 운영할 수 없기 때문이었다. 무엇보다 국가 재산인 금의 소재지를 정확하게 아는 것은 백인뿐이었던 이유가 컸다.

그로부터 1년이 지난 1981년, 국가의 부를 자신의 것으로 만들 수 있다는 확신이 서자 무가베는 백인들을 대대적으로 체포하기 시작했다.[3]

어처구니가 없을 만큼 비열해 보이는 행보였지만, 이는 무가베가 다른 사람에 비해 특히 야만적이어서, 혹은 특정 국가였기 때문에 일어났던 일이 아니다. 이런 사례는 얼마든지 있다. 싱가포르의 리콴유(李光耀)는 공산당과 손을 잡고 권력을 쥐었지만, 권력을 장악한 뒤에는 태도를 바꿔 공산당 지도자들을 감옥에 가둬 버렸다. 그리고 이 일에 관해 질문을 받으면 "영국으로부터 독립하기 위해서는 공산주의자의 협력이 필요했다"라고 당당하게 대답했다. 리콴유는 핵심 지지층을 끊임없이 교체함으로써 자신에게 대항하는 반대 세력이 자라날 여지를 남겨놓지 않는다.

이는 권력자가 필수적으로 갖춰야 할 마음가짐이며, 그 본질

---

3 Bruce Bueno de Mesquita & Alastair Smith, *The Dictator's Handbook: Why Bad Behavior is Almost Always Good Politics*, 2011.

은 기업의 리더에게도 그대로 적용된다. 기업 내에서 권력 기반을 확고히 하려면 이런 마음가짐을 필히 갖추어야 하는 것이다.

IT 벤처기업인 사이버에이전트라는 회사는 이사가 여덟 명으로 매우 적으며, 이사 교대 제도를 채택하고 있다. 이 제도는 임원이라는 지위가 사원이 승진할 수 있는 최고의 위치, 출세의 상징이 아니라 단순한 직위에 불과하도록 이사 자리를 개방해 평사원도 언제든 이사가 될 수 있다는 것이 특징이다. 창업 멤버가 이사라는 지위를 장기간 독점하면 새로운 사원들은 평생 일정 직위 이상 승진할 수 없게 되며, 이렇게 되면 조직에 활력이 사라진다. 이에 평사원에게 이사 자리를 개방하는 것은 지극히 합리적인 조치다. 또한 여기에는 사장의 권력 기반을 강화한다는 노림수도 숨어 있을 것이다. '제1층을 항상 불안정하게 만든다'라는 권력 이론에 충실한 조치이기 때문이다.

핵심 멤버가 고착화되지 않게 하는 것은 사장의 권력 기반을 강화하는 데 있어서 매우 중요한 일이다. 그래서 사장이라면 그 방법을 찾기 위해 힘을 쏟아야 한다. 핵심 지지층의 신분이 안정화되면 그 세력이 정보를 독점할 수도 있고, 결국 리더에게 정보가 제대로 들어오지 않을 수도 있다. 그뿐 아니라 핵심 멤버 중에서 사장을 대신할 수 있는 강력한 경쟁 상대가 나타날 수도 있다. 그런 위험을 피하기 위해서라도 권력자는 핵심 멤버의 신분을 보장하지 않을 방법을 최대한 궁리해야 한다.

권력의 법칙 3.
언제든 대체될 수 있음을 보여준다

핵심 멤버를 불안정한 상태로 만들려면 요컨대 제2층인 예비 핵심 지지자, 인플루언서 층의 수를 늘림으로써 핵심 멤버에게 '당신들을 대신할 존재가 얼마든지 있음'을 보여주면 된다.

핵심 지지층 주위에는 권력 구도에 영향력을 행사할 수 있는 제2층이 존재하는데, 제2층을 두껍게 만드는 것은 요컨대 가까운 미래에 핵심 지지층이 될 수 있는 예비 지지층 수를 최대한 늘린다는 의미다.

권력자에게 최악의 상황은 자신의 말을 듣지 않는 사람이 조직의 중요한 자리에 계속 앉아 있는 것이다. 제2층을 늘리면 그 중요한 자리에 앉아 있는 사람에게 '당신을 대신할 사람은 얼마든지 있다'라는 것을 보여줌으로써 불안감을 느끼게 할 수 있고, 이를 통해 권력자 자신의 권력 기반을 비약적으로 강화할 수 있다.

　정치가가 장관의 자리에 오르거나 시장, 도지사 등 지방의 수장이 되면, 자신을 뒷받침해줄 관료 기구의 중요한 자리에 민간의 인재를 등용하는 경우가 있다. 이렇게 하는 데는 '기존의 관료 조직을 대신할 존재가 얼마든지 있는 상태'를 만든다는 의미가 있다. 핵심 지지층을 불안정하게 만들고, 실제로 교체함으로써 핵심 지지층을 자신의 입맛에 맞게 구축하는 것이 목적인 것이다. 어떤 직위든 능력만으로 평가하고 합리적으로 발탁한다면 굳이 후보자를 기존 조직 내에 있는 인물로만 한정할 필요가 없다. 그래서 그런지 간부급 공무원은 외부에 자신의 역할을 대신할 존재가 있으면 자신의 힘이 크게 약화되기 때문에 '간부 직위 공모'를 가장 싫어한다.

권력의 법칙 4.
보상은 사장이 직접 하라

제1층인 핵심 멤버에 대해서는 불안정한 상태로 만드는 동시에 충분한 보상을 함으로써 그들의 충성심을 지속시킬 필요가 있다. 그런데 이때 최적의 보상은 만족감을 주면서도 너무 많지 않은 보수를 지급하는 것이라는 점에 주의해야 한다. 한꺼번에 너무 많은 보수를 받으면 직위에 대한 집착이 사라져서 언제라도 떠나려고 하거나 반기를 들 수도 있기 때문이다.

돈의 출처에 대해서는 권력자만이 알고 있고, 받는 쪽은 모르게 하는 것도 중요하다. 즉, 핵심 지지층이더라도 자력으로는 보상을 얻을 수 없게 하며, 권력자를 통해서만 보상을 받을 수 있도록 해야 한다는 말이다.

사람은 누구나 권력자로부터 돈을 받기보다 자기 스스로 권력자가 되기를 희망한다. 따라서 권력자는 귀찮더라도 돈의 출처를 직접 관리할 필요가 있다. 실제로 오랫동안 안정적으로 경영하는 기업을 보면 중간 관리자에게 자금에 대한 권한을 주지 않고 사장이 직접 돈주머니를 꽉 쥐고 있는 경우가 많다.

전임자의 그늘에서
빨리 벗어나야 하는 이유

지금까지 이야기한 세 지지층을 기업에 대입하면 다음과 같이 정리할 수 있다.

1. 핵심 지지층: 이사(그리고 일부 간부 사원)
2. 예비 핵심 지지층: 대주주, 기관 투자자, 간부 사원
3. 일반 구성원: 일반 주주, 평사원

보통 CEO의 핵심 지지층은 곧 이사이며, 그 수는 고작해야 열 명에서 열다섯 명 정도 된다. 그런데 일부 기업의 경우 이사가 주주 대표가 아니라 사원 대표인 경우도 있는데, 심한 경우는 이사가 20~30명에 이르고 저마다 'ㅇㅇ부서 출신'이라는 대표

성을 띠기도 한다. 이들은 자신이 대표하는 사업부의 이해득실에는 매우 민감하지만, 다른 이사가 대표하는 사업부와 관련된 일에 대해서는 "나는 아는 게 없어서…"라고 관망하며 끼어들려 하지 않는다. 이렇게 되면 이사회는 회사 전체의 일을 논의한다기보다 각 사업부의 대표자들이 자기 사업부에 불이익이 가지 않도록 감시하는 자리, 최악의 경우에는 각 사업부가 서로 협상을 하거나 발목을 잡는 자리가 되어 버린다.

뒤에서 다시 이야기하겠지만, 사장이 권력자의 자리에 올라서도 좀처럼 독재력을 발휘하지 못하는 이유 중 하나는 이렇게 봉건시대에 왕이 힘센 제후들에게 둘러싸여 있었던 것처럼 사장이 핵심 지지층에 둘러싸여 있기 때문이다.

당신이 사장이라면 주위에 가급적 자신에 대한 충성심이 높은 사람들을 두고, 걸림돌이 되는 사람들은 최대한 배제하고 싶을 것이다. 이렇게 생각하면 핵심 지지층을 자신이 직접 선정하는 것은 사장이 권력 기반을 강화하기 위해 매우 중요한 문제다.

창업자가 아닌 이상 사장 자리는 전임자에게서 물려받게 되며, 따라서 사장 자리에 오르고 나면 주위에 전임자를 지지하던 사람들이 그대로 남아 있을 수밖에 없다. 그들은 당신이 직접 고른 사람이 아니므로, 경우에 따라서는 기업을 경영하는 데 있어서 걸림돌이 될 수도 있다.

한편 이사회가 열 명 혹은 열다섯 명으로 구성될 경우, CEO

를 제외하고는 대체로 다음의 세 계층으로 나뉜다.

1. 회사의 고위급 임원 중 일부(내부자)
2. 사장의 친구나 친척
3. 변호사나 다른 기업의 경영자 등 완전한 제삼자(외부자)

이사회의 가장 중요한 역할은 대표이사의 선임 및 해임이다. 자신들이 발탁해 임명한 사장이 실력을 제대로 발휘하지 못하면 이사회가 곤란해지기 때문에 그들은 새로운 사장에게 재량권을 충분히 부여해 자유롭게 경영할 수 있도록 한다.

미국 기업 이사회의 경우는 주주의 이익 극대화를 이상으로 삼기 때문에 그 이상을 실현해줄 강하고 올바른 독재자를 찾기 위해 애쓴다. 그리고 이런 '올바른 독재자' 자격이 있는 사장 직위 경력자, 고위 경영진으로서 우수한 실적을 쌓은 인재는 희귀하기 때문에 고액의 연봉을 지급한다.

올바른 독재자로 선택받은 인재는 높은 연봉을 받는 대가로 속도감과 역동성을 요구받는다. 가령 속도가 중요한 M&A는 속도감 있게 추진하지 않으면 정보가 누설되어 협상이 무산될 수 있고, 시기를 놓쳐서 협상 금액이 변동되기도 한다. 회사 내의 의견을 일일이 모으고 있다가는 타이밍을 놓치게 될 공산이 큰 것이다. 이때 이사회에 소속된 이사는 10여 명에 불과하고, 사외 이사가 중심인 까닭에 CEO의 결정에 사소한 부분까지 일일이 참견하지 않는다. 대신 그 결과에 대해서는 책임을 철저히 묻는다. 따라서 CEO의 경영 성과가 실적 향상으로 이어지지 않을 경우에는 주주의 이익을 보호한다는 관점에서 이사회가 사장을 해고하게 된다.

M&A를 이용한
권력 강화 전략

권력의 법칙을 알면 권력자의 행동을 이해하는 데 도움이 된다.
이를 과거 HP의 사례를 통해 살펴보자.

스탠퍼드대학교를 갓 졸업한 윌리엄 휴렛(William Hewlett)과 데
이비드 패커드(David Packard)가 의기투합해 창업한 HP는 실리콘
밸리의 기원이 되었으며, 사원을 소중하게 생각하는 선진적인 경영
을 보여준 명실상부한 초일류 기업이었다. HP가 돋보였던 것은 세
계적인 기업으로 성장했다는 것도 있지만, '노동자에게 경의를 표
하고 자주성을 인정하면 획기적인 제품이 탄생하며, 그것이 사회에
공헌하는 동시에 커다란 이익을 가져다준다'라는 'HP 정신' 때문이
기도 했다. HP는 이를 토대로 다른 회사보다 앞서서 고가의 의료보

험 등 복리후생 제도를 갖추고, 공장 노동자부터 공급업자, 고객에 이르기까지 모든 관계자에게 경의를 품고 대하는 등 기준 높은 규범을 철저히 지키면서 성장했다. 선택적 근무시간제, 워킹맘을 위한 일자리 나누기 제도 등 첨단적인 제도를 일찍부터 도입한 HP는 업계의 정점에서 군림해 왔다. 그런데 두 창업자가 은퇴한 뒤로는 성장 속도가 서서히 둔화되었고, 1990년대 후반에는 과거의 찬란함을 잃어가고 있었다.

이사 중 한 사람은 당시를 이렇게 회상했다. "다들 혁명이 필요하다고 생각했습니다. 컴퓨터와 인터넷이라는 기술 혁신의 2대 트렌드에 제대로 올라타지 못한 이상, 무언가가 잘못되었다는 것을 인정할 수밖에 없지요. 뭔가 결정적으로 중대한 문제가 있다는 것은 모두가 알고 있었습니다."[4]

1999년에 4대 사장인 루이스 플랫(Lewis Platt)이 은퇴하자 HP의 이사회는 루슨트테크놀로지에서 최고 영업 담당 임원을 역임한 칼리 피오리나(Carly Fiorina)를 CEO로 영입했다. 초일류 기업인 HP가 왜 AT&T의 일개 분사 임원이었던 칼리 피오리나를 CEO로 선택했는지에 관해서는 여러 설이 있는데, 대기업병에 걸려 있었던 HP의 느긋하고 목가적인 사풍을 바꿀 강심제 역할을 기대했던 것도 그중 한 가지 이유였던 듯하다. 당시 칼리 피오리나의 이미지는

---

4 Peter Burrows, *Backfire*, 2003.

'자신의 성공과 그가 이끄는 조직의 성공을 위해 열과 성을 다한다. 어느 쪽을 더 우선하는지는 잘 모르겠다'라는 것이었다. 칼리 피오리나는 기존의 HP에는 없는 인물 유형이었던 것이다.

취임 당시 칼리 피오리나의 권력 기반을 살펴보자.

먼저, 창업자 일가가 압도적으로 많은 주식을 소유하고 있었다. 피오리나를 CEO로 선택한 이사회는 열네 명의 이사로 구성되어 있었는데, 그중에는 창업자 일가가 세 명, 창립 멤버인 임원이 세 명 포함되어 있었다. 그들은 HP의 주식을 상당수 보유하고 있었던 까닭에 이사의 보수 자체에는 별 관심이 없는 대신 주가 변동에는 매우 민감했다. 주가가 조금만 오르내려도 개인의 자산이 크게 늘거나 줄어들 수 있기 때문이었다.

취임 당시, 피오리나의 권력 기반은 약했다. 이사회가 그를 선택했지, 그가 이사회를 선택한 것이 아니기 때문이었다. 피오리나는 취임 직후부터 바로 이사회를 개조하기 시작했고, 1년 후에는 이사회의 구성원 수를 열한 명으로 줄였다. 이사회에서 제외된 세 명 중에는 창업자 일가도 포함되어 있었다. 그리고 2년 후인 2001년에는 이사회 구성원을 한 명 더 줄였다. 그러나 이렇게 권력 기반을 다진 후에도 이사회 내부의 반대 세력은 여전히 피오리나를 괴롭혔고, 이에 피오리나는 이듬해인 2002년에 컴팩 인수라는 승부수를 띄웠다. 만약 합병에 성공해 주가가 올라가면 이사회는 만족할 것이고, 피오리나는 장기 집권을 위한 권력 기반을 강화할 수 있을 터였다. 따라서 M&A에 대해서는 이사회도 사사건건 간섭하지 않을 것이 틀림없었다.

그러나 시장은 HP와 컴팩의 합병 효과를 비관적으로 바라봤고, 여기에 창업자 일가인 월터 휴렛(Walter Hewlett)과 데이비드 우들리 패커드(David Woodley Packard)도 컴팩과의 합병에 반대했기 때문에 주가는 더욱 하락했다. 합병 발표 후 주가가 합병 발표 전의 절반 수준까지 하락하자 월터 휴렛은 피오리나에게서 경영권을 되찾아오기 위해 HP의 적대적 인수 합병(hostile takeover)에 나서게 된다.

명문 기업 HP에서 신임 CEO인 피오리나는 말하자면 '방계'였다. 주위에는 창업자 일가와 창립 멤버인 임원이 가득했다. 이런 상황에서 피오리나는 권력 기반을 강화하기 위해 어떤 전략을 구사했을까? 권력의 법칙에 대해 모르면 피오리나의 행동이 도저히 이해되지 않을 것이다. 그러나 권력의 속성을 이해한다면 그의 행동이 권력의 법칙에 따른 것이며, 합리적인 행동이었다는 것을 알 수 있다.

권력의 법칙은 다음의 네 가지로 요약할 수 있다.

권력의 법칙 1. 핵심 지지층 수를 최대한 줄인다
권력의 법칙 2. 제1층을 항상 불안정하게 만든다

권력의 법칙 3. 언제든 대체될 수 있음을 보여준다

권력의 법칙 4. 보상은 사장이 직접 한다

위의 네 가지 권력의 법칙에 따라서 피오리나의 행동을 다시 한번 살펴보자.

먼저, 여기에서 핵심 지지층은 이사회인데, 피오리나는 취임하자마자 법칙 1에 따라 열네 명이던 이사회 구성원을 열 명으로 줄였다.

다음에는 법칙 2에 따라 구성원을 고정화하지 않고 교체해야 한다. 피오리나에 대한 충성심이 강한 사람을 중심으로 이사회를 재구성하는 것이 중요하다. 그러나 아무리 CEO라고 해도 이사회를 교체하는 것은 간단히 할 수 있는 일이 아니다. 그렇다면 피오리나는 어떻게 이사회의 구성원을 빠르게 교체할 수 있었을까? 컴팩과의 합병을 통해 컴팩의 주주를 대표하는 이사 다섯 명을 이사회에 참가시키고, 그에 따라 기존 HP의 이사 수를 크게 줄였다.

동등한 규모의 기업과 합병하면 주주와 유력 주주, 이사의 수를 단번에 늘릴 수 있다. 피오리나는 컴팩과의 합병을 통해 예비 핵심 지지자를 늘림으로써 기존의 구성원이 언제든 대체될 수 있는, 권력의 법칙 3을 실행에 옮기는 데 성공했다.

결국 취임 당시의 이사 열네 명 가운데 여섯 명만이 남게 되었다. 시끄럽게 참견하던 창업자 일가도 그 과정에서 제외되었다. 다시 말해 기존의 이사회를 재구성하기 위해 M&A를 활용했다고 해석할 수 있다. 이를 순수하게 기업 전략상의 논리에 따른 행동이었다고만 생각하면 상황을 잘못 해석하게 된다.

재미있는 점은 합병 후의 실적이 그리 시원치 않고 주가 역시 전혀 오르지 않았음에도 2004년에 이사의 보수가 10만 달러(한화로 약 1억 1,800만 원)에서 20만 달러(약 2억 3,600만 원)로 올랐다는 사실이다. 다시 말해 법칙 4에 따라 자신이 선택한 핵심 지지층에게 충분한 보상을 해 준 것이다. HP의 주식을 대량 보유하고 있는 창업자 일가에게 10만 달러의 보수 인상은 그다지 큰 매력이 없었을 것이다. 그러나 신임 이사에게 10만 달러는 용돈 벌이 이상의 큰 수입이었을 것이다.

합병을 검토하는 단계에서 창업자 일가는 컴팩과의 합병에 의문을 제기했다. 그러나 객관적으로 봤을 때 권력 기반이 약했던 피오리나에게 컴팩과의 합병은 이사회 멤버를 교체하고 자신에게 반대하는 세력을 약화할 절호의 기회였다. 컴팩과의 합병을 통해 새로운 이사를 선임하고 그들을 자신의 핵심 지지층으로 만들기 위해서는 꼭 필요한 결정이었던 것이다.

그러나 합병은 미래의 주주 이익 극대화에 전혀 긍정적인 영향을 미치지 못했고, HP 정신도 크게 훼손되었다. 그리고 이는 경영진과 창업자 일가 사이의 분쟁으로 발전했다.

잡은 물고기에게도
확실한 보상이 필요하다

'동원력을 확대해 사원들의 의욕을 높이고 실적을 올린다. 그 결과 주가도 오른다.'

이는 광범위한 지지 연합 중 일반 구성원을 대상으로 하는 전략이다. 그러나 이 전략에는 함정이 숨겨져 있다. 즉 사원 쪽에 지나치게 주목한 나머지 기존의 핵심 지지자에 대한 배려에 소홀해질 수 있다는 것이다. 아무리 충성심이 높은 사람이라도 계속 방치되면 큰 문제가 될 수 있다. 따라서 권력자라면 지지자들이 왜 자신을 지지하는지, 어떻게 해야 계속 지지할지를 끊임없이 생각해야 한다.

HP의 칼리 피오리나는 컴팩 매수를 둘러싸고 창업자 일가이자 이사회 구성원이기도 했던 월터 휴렛과 위임장 쟁탈전을 벌인 끝에 결국 승리했다. 그리고 컴팩과 합병하면서 이사회를 새로 구성해 자신의 권력 기반을 확고히 다졌다.

합병 당시에는 비관적 전망이 많았지만, 그 후 HP는 2003년과 2004년에 실적이 크게 향상되었다. 특히 2004년에는 50억 달러(약 5조 9,000억 원)의 영업이익을 달성하면서 과거 최대 실적에 맞먹는 이익을 냈다. 칼리 피오리나는 대형 합병을 성공시킴으로써 초일류 기업이지만 지나치게 신중해 움직임이 굼뜨다는 평가를 받던 HP를 상당 수준 변신시킴으로써 절정의 권력을 지니게 되었다. 2004년 말에는 피오리나의 개혁이 순조롭게 성과를 내기 시작했으며, 이사회에 대해서도 걱정할 일이 없는 듯이 보였다. 그러나 피오리나는 결국 이사회를 컨트롤하는 데 실패하고 말았다.

피오리나가 HP의 사장으로 취임하기 전부터 HP의 사외 이사로 활동했던 조지 키워스(George Keyworth)는 컴팩 인수와 관련해 피오리나의 편에 섰고 기술 계통 출신으로서 자신의 의견을 말하는 등 담담하게 사외 이사의 역할을 다해왔다. 그런데 아내가 암으로 사망한 것을 계기로 그는 HP의 사업에 적극적으로 참여하게 되었다. 원래 멀지도 가깝지도 않은 관계를 유지해야 할 사외 이사가 HP의 일상 업무에 관여하게 된 것이다. 칼리 피오리나는 자신의 저서 《칼리 피오리나 힘든 선택들(Tough Choices)》에서 이렇게 밝혔다.

장례식이 끝난 뒤 조지 키워스의 큰아들이 내게 왔다. 그는 혼자가 된 아버지가 걱정된다면서 아버지가 다른 사람들과 잘 교류하지 않는 유형이라 그냥 내버려 두면 우울증에 빠질지도 모르니 무언가 열심히 매달릴 수 있는 일을 맡길 수는 없겠느냐고 내게 말했다. 그래서 나는 조지 키워스를 새로 뛰어드는 게임 사업에 참여케 했다. 머리로 내린 판단이 아니라 가슴으로 내린 결단이었다.[5]

HP의 경영에 적극적으로 관여하게 된 조지 키워스는 계속 반려당하면서도 수많은 M&A 안건을 피오리나에게 제안했고, 나아가 이사회 구성에 대해서도 빈번하게 참견했다. 그리고 이사회에서 갓 은퇴한 친구 토마스 퍼킨스(Thomas Perkins)를 다시 이사회로 불러들이라고 제안했다.

나는 그럴 수 없다고 말했어야 했다. 그러나 이사회의 다른 구성원들은 그 제안에 찬성했다. 단호하게 거부해야 할 다른 안건에 비하면 이 안건은 그다지 중요하지 않은 일로 여겨졌다. 아무도 신경 쓰지 않는 사안에 거부권을 행사해서 큰 문제로 만들 필요는 없으리라. … 나중에 이 건을 CFO인 밥 웨이먼에게 이야기하자 그는 아연실색했다. 그는 '믿기 어려운 실수다. 세상의 웃음거리가 될 것이다'

---

5 Carly Fiorina, *Tough Choices: A Memoir*, 2006.

라고 말했다. 고문 변호사인 앤 바스킨스도, 사외 고문인 래리 손시니도 같은 의견이었다. 그러나 이미 엎질러진 물이었다. 조지가 이미 톰에게 연락했던 것이다.[6]

결과적으로 사외 이사인 조지 키워스는 HP의 경영에 당사자로 관여하기 시작했고, 은거하고 있던 동료를 다시 회사로 불러들여 결탁했으며, 이사회에서 다수파와 합작해 피오리나를 해임하게 된다. 이는 조지 키워스가 HP의 경영에 본격적으로 참여하기 시작한 지 불과 3개월 뒤에 일어난 일이었다.

분명히 아군으로 보이는 핵심 지지자도 충분한 이익을 지속적으로 제공받지 않으면 계속 충성을 유지한다는 보장이 없다. 조지 키워스를 어중간하게 경영에 관여시킨 결과, 그는 사외 이사라는 위치에서가 아니라 자신의 이해관계에 따라서 움직이게 되었고, 자신의 의견을 관철하기 위해 아군을 이사회로 끌어들여 피오리나로부터 권력을 빼앗은 것이다. 그런데 놀랍게도 피오리나는 이 과정에서 이사회 구성원 한 사람 한 사람에게 전화를 걸어 자신의 입장을 설명하는 등의 대응을 전혀 하지 않았다. 성공에 취한 나머지 바로 곁에 있는 핵심 지지자로부터 입을 수 있는 리스크에 대한 가능성을 경시하고 방심했던 것이다.

6 Carly Fiorina, *Tough Choices: A Memoir*, 2006.

성공 가도를 달릴 때일수록 마그마처럼 달궈져 가는 주변 사람들의 울분이나 불만을 깨닫지 못하기 마련이다. 설령 눈치를 채더라도 더 급한 일 때문에 측근의 불만은 뒷전으로 미뤄두기 십상이다.

이처럼 권력의 정점에서 핵심 지지자의 지지를 잃고 실각한 사례는 이루 열거할 수 없을 만큼 많다.

핵심 지지층의
인사권은 무조건 사수하라

성과를 추구한다면 강력하고 확실한 권력을 얻기 위해 임원 등의 핵심 지지층을 불안정하게 만드는 동시에 사원 등 제3층을 총동원할 필요가 있다. 이때는 경영자가 인사권을 어떻게 행사하느냐가 관건이다.

일본 생활용품 전문기업 에스테의 스즈키 다카시 회장의 말처럼 '권력의 근원은 인사권'이다. 그러나 최고 경영자에게 실질적인 인사권이 없는 조직이 많다. 심한 경우에는 표면적으로는 인사권이 있지만 이미 결정된 사안에 도장을 찍는 역할만 하는 경우도 있다. 우수한 리더가 없다고 한탄하기 전에 애당초 리더가 권력을 쥘 수 없는 조직이 돼가는 것을 경계해야 한다. 장기간에 걸쳐 고착화된 관습이 최고 경영자의 인사권을 유명무

실하게 만든 사례가 많기 때문이다.

　한 지방자치단체의 단체장은 부임 직후 간부의 인사를 둘러싸고 공무원들과 대립했다. 이미 간부로 내정된 사람이 있는데 임명권자인 단체장의 결재가 필요하니 도장을 달라며 인사 담당 공무원이 찾아왔던 것이다. 그 공무원에게 지사는 먼저 당사자와 면담을 하고 싶다고 말했다. 그런데 그는 단체장이 인사이동 건으로 개인 면담을 한 선례는 없다며 거절했다. 조직의 수장이 간부 후보자와 면담하는 것은 지극히 당연한 일이지만, 그때까지 그 지방자치단체에서는 단체장이 인사 담당 부서에 인사권을 일임하고 있었던 것이다. 그때 권력의 속성에 대해 훤했던 단체장은 이번 일이 승부처라고 판단하고 버틴 끝에 면담을 진행했고, 간부에 대한 인사를 자신이 직접 살핌으로써 권력 기반을 굳히는 첫걸음으로 삼았다. 그러나 권력에 대한 감각이 없는 사람이었다면 많은 에너지가 소모되는 싸움을 피하고자 기존의 관례를 그대로 따랐을 것이다.

　정도의 차이는 있지만 다른 지방자치단체에서도 이미 검토가 끝난 인사 건이 수장에게 올라오는 경우가 많다고 한다. 의사 결정은 아래에서 하고 수장은 서류에 도장만 찍으면 된다는 것인데, 이런 관례가 생겨 버리면 수장의 권력은 크게 약해진다.

인사권을 쓸데없이 과시할 필요는 없다

●

그러나 조직에 소속된 사람들에게는 인사가 모든 것을 좌우하기 때문에 아무리 수장이라도 자의적으로 인사를 결정하면 원한을 사게 된다. 마키아벨리도 "사랑받는 군주가 되는 것을 포기하더라도 원한이나 증오를 사는 것만큼은 피해야 한다. 그러면서도 두려움의 대상이 되도록 노력해야 한다"라고 한 바 있다. 불필요한 원한은 사지 말라는 것이다.

급여와 직위는 회사원 개개인의 것이므로 아무리 권력자라도 거기에 손을 대면 안 되며, 특히 인사의 경우는 권력자 혼자 모든 것을 결정하지 말고 일련의 절차를 거쳐 공정성을 확보할 필요가 있다. 가령 회사의 임원 인사라면 이사회 또는 인사 위원회에 자문을 구하는 식이 될 것이다. 그리고 일반 사원의 인사에는 권력자가 관여하지 않고 인사부서에서 규정에 따라 실시하도록 하는 것이 중요하다.

정리해보자. 제1층인 임원급 인사의 경우, 권력자가 직접 의사 결정을 하면서도 개인적인 원한을 사지 않도록 형식적으로는 자신으로부터 독립된 회의체에 자문을 구하는 것이 좋다. 제3층인 일반 사원 인사의 경우, 냉혹하다거나 자의적이라는 평판은 마이너스가 될 뿐이므로 인사부에 맡기고 자신은 인사에 관여하고 있지 않다는 것을 표명하는 것이 상책이다. 그리고 제

2층인 간부 후보 인사의 경우, 기본적으로는 인사부에 맡기되 간부 후보 선발 시 권력자가 어느 정도 관여하는 방식으로 절충하는 것이 현실적이다.

독불장군은 전쟁에서 이길 수 없다

●

핵심 지지층과 예비 핵심 지지층을 중심으로 권력 기반을 안정시킨다 해도 제3층인 일반 시민, 일반 사원을 포함해 폭넓은 지지층을 확보하지 않으면 결국은 동원력이 결여되고 만다. 핵심 멤버가 일반 구성원으로부터 완전히 유리된 상태, 예를 들어 귀족제나 신분제도처럼 신분이 고정된 상태에서는 조직의 힘을 온전하게 발휘할 수 없으며, 결국 대외 경쟁에서 승리하지 못하게 된다. 조직 내의 다양한 구성원으로부터 폭넓은 지지를 받지 못하면 외부와의 싸움에서 이길 수 없는 것이다.

전제 체제 혹은 비민주적인 체제가 강해 보일 수는 있지만 전쟁에 약한 이유는 바로 이 때문이다.

바로 이런 것이 권력학의 가장 큰 딜레마다. 자신의 권력 기반을 강화하려면 핵심 멤버를 줄이고 소수의 멤버에게 그 혜택을 나눠줌으로써 자신의 통제 아래 두는 것이 좋지만, 조직의 전투력을 높이려면 폭넓은 지지와 의욕, 참여 의식이 필요한 것이다.

이 상반된 두 가지 요구를 충족시킬 수 있는 사람, 권력 기반을 확고히 다지고 대담한 전략을 실행하면서도 말단에 이르기까지 넓은 범위의 인재를 최대한 활용할 수 있는 사람이 진정으로 강한 리더다.

The Power
for the Boss

3장

권력이 센 사장이
죽은 기업도
되살린다

"

위인은
언제나 악인이다.

"

존 달버그 액턴(John Dalberg-Acton)

권력의 법칙 5.
거대한 지지 연합을 결성한다

권력 기반을 다지더라도 그것만으로는 외부와의 전쟁에서 승리할 수 없다. 외부와의 전쟁에서 승리하려면 또 한 가지 요소인 동원력이 필요하다. 국가와 국가의 전쟁에서는 국력의 총합, 그리고 국가 전체 노력의 총량이 중요하며, 그 힘을 얼마나 동원할 수 있는가가 승부를 결정한다. 그런 까닭에 아무리 자국 내의 권력 기반이 안정적이라 해도 한 줌밖에 안 되는 핵심 멤버의 지지만으로는 전쟁에서 이길 수 없다. 따라서 거대한 지지 연합을 결성해야 한다. 이는 권력의 다섯 번째 법칙이기도 하다.

권력의 법칙 5. 거대한 지지 연합을 결성한다

매체를 통해서 호전적인 메시지를 자주 내보내기에 강할 줄 알았던 전제 국가가 막상 전쟁이 벌어지니 민주주의 국가보다 약했던 사례가 관찰되는 데는 이런 이유가 있다. 그 대표적인 사례로 제3차 중동 전쟁을 들 수 있다.

이스라엘은 어떻게 아랍연맹을 이겼을까?

●

언뜻 보기에 강할 것 같은 전제 체제가 전쟁에 약한 이유는 권력의 메커니즘을 통해 알 수 있다.

이스라엘을 상대로 주변의 시리아 · 이집트 · 요르단 등 옛 아랍국가연맹이 벌인 제3차 중동 전쟁은 1967년 6월 5일에 시작되어 6월 10일에 끝났기 때문에 일명 '6일 전쟁'이라고도 불린다. 이 전쟁의 결과로 이스라엘은 이집트로부터는 시나이 유전 지역과 수에즈 운하의 수입을, 요르단으로부터는 성지인 예루살렘과 베들레헴을 포함하는 요르단 강 서안 지구를, 시리아로부터는 군사적 요충지인 골란고원을 빼앗았다. 이 영토들은 전부 경제적, 역사적, 전략적으로 매우 중요한 지역이기에 전쟁은 이스라엘의 압승으로 끝났다고도 할 수 있다.

전쟁의 결과를 결정짓는 요인 중 하나인 병력을 비교해보면 아랍국가연맹 측의 지상군이 36만 명이었던 데 반해 이스라엘

군사는 7만 5,000명으로 5분의 1 정도에 불과했다. 국방비도 이집트의 국방비는 이스라엘의 1.5배에 이르렀다. 국력을 나타내는 지표인 GDP와 인구도 이스라엘이 GDP 40억 달러(약 4조 7,300억 원), 인구 260만 명이었던 데 비해 이집트는 GDP 53억 달러(약 6조 2,700억 원), 인구 3,000만 명으로 크게 차이가 났다. 게다가 이스라엘은 이집트뿐 아니라 시리아, 요르단과도 동시에 전쟁을 치렀다. 국력과 전력 측면에서만 봤을 때, 이 전쟁의 결과는 그야말로 충격적이었다.

'20세기의 가장 위대한 저널리스트'라고도 평가받는 폴란드의 저널리스트 리샤르드 카푸시친스키(Ryszard Kapuściński)는 6일 전쟁에서 이스라엘이 승리한 이유를 다음과 같이 설명한 바 있다.

1967년의 전쟁에서 아랍 측은 왜 패배한 것일까? 지금까지 많은 사람이 이 질문에 각기 다른 대답을 해왔다. 유대인은 용감하지만 아랍인은 겁쟁이이기 때문이라든가, 이스라엘은 지력(知力)이 뛰어나지만 아랍은 미개했기 때문이라든가, 이스라엘이 더 좋은 무기를 보유했기 때문이라든가….

그러나 이것은 전부 핵심과는 거리가 먼 설명이다. 아랍 측도 뛰어난 지력을 보유하고 있었으며, 용감했고, 전투 장비도 충분했다. 원인은 다른 곳, 구체적으로는 전쟁에 대한 접근법의 차이에 있었다.

이스라엘은 국민 전체가 전쟁에 참가했다. 그러나 아랍 국가에서는 군대만이 전쟁을 치렀다. 이스라엘에서는 전쟁이 발발하자마자 국내 전체가 전시 체제에 돌입했고, 일반 시민들의 평범한 생활은 완전히 중단되었다. 그에 비해 시리아에서는 전쟁이 끝날 때까지 국민 대부분이 전쟁에 관해 아무것도 몰랐다. 시리아는 국민들도 모르는 사이에 전략적으로 가장 중요한 지역인 골란고원을 잃었던 것이다. 시리아가 골란고원을 잃고 있었던 바로 그날 그 시각, 골란고원으로부터 20킬로미터밖에 떨어져 있지 않은 시리아의 수도 다마스쿠스의 카페들은 하나같이 손님으로 가득했고, 시민들은 자리가 비어 있는 카페를 찾아 돌아다니면서 빈자리가 없으면 어쩌나 걱정하고 있었다.

시리아는 이 전쟁으로 병사 100명을 잃었다고 한다(원문에 이렇게 적혀 있다). 그보다 1년 전에 궁정 쿠데타가 일어났을 때는 200명이 사망했다. 가장 중요한 전략 지역을 잃고 수도가 적의 대포 사정거리 안에 들어가게 된 전쟁보다 국내의 정쟁으로 목숨을 잃은 사람이 더 많았던 것이다.[7]

전제 체제에서는 외국과의 전쟁에 대량의 자원을 투입하지

---

7 Bruce Bueno de Mesquita & Alastair Smith, *The Dictator's Handbook: Why Bad Behavior is Almost Always Good Politics*, 2011.

않는 경우가 종종 있으며, 장비가 좋은 엘리트 군대는 사실 국내의 반대 세력을 억압하기 위해 존재한다. 시리아에서는 1982년에도 소도시 하마에서 일어난 수니파 무슬림형제단의 반정부 쿠데타를 진압하기 위해 1만 2,000명의 정예부대를 투입했는데, 그 과정에서 수만 명의 시민이 목숨을 잃었다.

다시 말해, 전제 국가에서는 우수한 군대가 국내의 치안 유지를 위해 존재하기에 대외 전쟁에는 약할 수밖에 없다. 따라서 막상 전쟁이 벌어지면 전제 국가보다 민주주의 국가의 동원력이 더 뛰어나며, 국가 전체 노력의 총량에서 큰 차이가 발생한다.

제3차 중동 전쟁 당시 이집트의 국가 원수는 가말 압델 나세르(Gamal Abdel Nasser)였는데, 그는 선거를 통해 선출된 것이 아니라 몇 안 되는 군부의 상층부, 장군, 대령 들의 지지를 등에 업고 쿠데타를 통해 대통령이 되었다. 자국 내에서의 권력 기반은 안정적이었고, 나세르를 지지하는 소수의 군 간부들은 나세르가 권좌에 있음으로 해서 금전적으로 큰 이득을 얻고 있었다. 한편 이스라엘의 총리는 선거를 통해 당선된 사람이었다. 지지자가 25퍼센트에 불과했지만, 인구의 25퍼센트는 지지자 그룹으로는 상당히 컸던 셈이다.

이런 제3층을 포함하는 지지자 전체를 '지지 연합'이라고 한다. 전쟁에서 승리하고 싶다면 지지 연합의 규모를 키울 필요가 있다. 즉 이집트 대통령의 지지 연합은 규모가 작았고, 이스라엘

[그림 C] 이집트와 이스라엘 대통령의 지지 연합 비교

이집트의 지지 연합

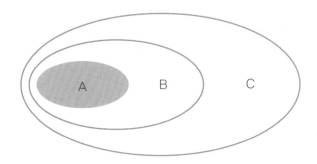

지지 연합이 소수의 핵심 지지층으로 한정되어 있다

이스라엘의 지지 연합

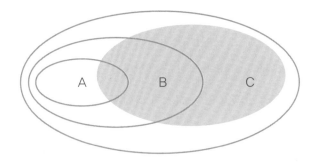

핵심 지지층부터 일반 구성원에 이르기까지 지지 연합이 광범위하게 구축되어 있다

A: 핵심 지지층   B: 예비 핵심 지지층   C: 일반 구성원

대통령의 지지 연합은 규모가 컸던 것이다.

압제 정권, 전제 국가는 의외로 전쟁에 약하다

●

이처럼 내부의 권력 기반 안정에만 열중하게 되면, 외부와 싸우게 되었을 때 크게 패하고 만다. 권력의 법칙에 따라 제1층인 핵심 지지자 수를 줄여놓았고 얼마 안 되는 핵심 멤버가 다른 구성원들과 완전히 유리되어 있는 상태라면, 조직력을 있는 힘껏 다 발휘할 수 없게 되며, 결국 싸움에서 이기지 못하게 된다. 내부 구성원들로부터 광범위한 지지를 획득하지 못하면 외부와 싸울 때 불리해지는 것이다.

이는 기업도 마찬가지다. 조직의 상층부를 엘리트들이 독점하고 있고 일반 사원들에게 승진의 기회가 주어지지 않는 시스템에서는 사원들이 의욕적으로 일하기 어렵다. 그로 인해 시장 경쟁에서 지게 된다.

경영 위기에서 벗어나기 전까지 일본항공(JAL)에는 고졸 사원과 대졸 사원 사이에, 현장직과 사무직 사이에 엄연한 차별이 존재했다. 대졸 사원은 "기본적으로 공장에 발을 들이지 않는다"라는 말이 있을 정도로 '신분제'가 고착화되어 있었던 것이다. 제조 기업에 다니는 사람들이 들으면 깜짝 놀랄 이야기이지만,

원래 국영기업이던 시절의 잔재인 신분제가 민간 기업이 된 뒤에도 오랫동안 계속 존재해왔다는 사실은 분명 놀라운 일이다.

일본항공의 이나모리 가즈오 회장은 바로 이런 점을 크게 변혁했다. 조종사 출신의 사장을 자신의 후임으로 앉힌 것은 울타리로 둘러싸인 세계에 안주해 있던 사람들에게는 상상을 초월하는 일이었으리라. 오랫동안 유지되어온 사내의 신분제도가 붕괴되었음을 의미하는 상징적인 사건이었던 것이다.

1980년대까지만 해도 미국의 공장에서 일하는 사람들에게 경영은 완전히 남의 일이었다. 출근해서 정해진 시간 동안 일하고 퇴근하면 그만이라고 생각했던 것이다. 그러다 일본 제조업이 약진하면서 그들도 변화하기 시작했다. 미국 기업은 일본 기업을 연구하기 시작했고, 일본의 보텀업 방식, 즉 전원 참가형 품질 관리 시스템을 열심히 차용했다. 그리고 신분제를 철폐함으로써 미국의 제조업은 다시 활기를 띠는 데 성공했다.

그런데 지금 바로 이 동원력이 기업의 글로벌화를 방해하는 가장 큰 요소로 작용하고 있다. 현지에서는 아무것도 결정하지 못하며, 하나부터 열까지 본사에 물어봐야 한다.

권력의 가장 큰 딜레마가 여기에 있다. 즉 자신의 권력 기반을 강화하려면 핵심 멤버의 수를 줄이고 소수의 멤버에게 이익을 배분해 자신의 통제 아래 두어야 하지만, 조직의 전투력을 높이려면 폭넓은 지지와 의욕, 참여 의식이 매우 중요한 것이다.

기업의 최고 경영자는 권력 기반을 굳히기 위해 핵심 지지층을 끊임없이 교체하는 등 신분이 불안정한 상황을 유지하면서도 조직의 전투력을 높이기 위해 일반 사원들의 지지를 최대한 많이 획득해야 하는 것이다.

에스테의 스즈키 다카시 회장은 자신의 저서《사장은 차라리 바보인 게 낫다》에서 다음과 같이 말했다.

'원교근공(遠交近攻)', 즉 먼 곳과는 교류하고 가까운 곳은 공격한다. 이것이 나의 기본 방침이다. 이는 병법 삼십육계 중 하나다. '공격한다'라는 표현에는 어폐가 있지만, 측근인 임원과는 거리를 두고 일반 사원과 친하게 지낸다는 의미로 사용한다.

권력의 근원은 인사권이다. 나는 일반 사원에 대해서는 실력, 성과주의를 기본으로 삼지만 임원에 대해서는 엘리베이터 인사를 단행한다. 발탁도 하지만 결과를 내지 못하는 임원은 강등시키기도 한다. 물론 재발탁할 때도 있기 때문에 '엘리베이터 인사'라고 부른다. 사장의 권한으로 인정사정없이 상과 벌을 명확히 한다. 거역하려 해도 거역할 수 없는 태세를 만드는 것이다. 임원에게 사장은 미움받는 존재 정도인 게 딱 적당하다.

임원 중 한 사람을 중용하는 것도 삼간다. 반드시 복수의 임원에게 권한을 분산시킨다. 임원 한 사람에게 권한을 집중시킨다면 그 임원이 사장이 되어도 그만이다. 즉, 일부러 체제를 전복할 기회를 주는 것과 다를 바가 없다는 말이다.

이렇게 해서 임원에게 두려움을 주면 조직은 자연스럽게 조여진다. 그러므로 일반 사원과만 친하게 지내면 된다.

권력 감각이 뛰어난 스즈키 회장은 측근에게는 두려움의 대상이 되면서도 일반 사원과는 친하게 지냄으로써 지지 기반을 넓히고 있는 것이다. 이 두 가지 축을 유지하는 것이 권력 이론의 기본이다.

악덕 사장이 아닌
민주독재형 사장이 되라

간혹 악덕 기업이 사회문제가 되곤 하는데, 사실 악덕 기업으로 불리는 회사에는 다양한 유형이 있다. 법률을 위반하고 성희롱이나 부하 직원에 대한 '갑질'이 만연해 있는 기업은 물론 진짜 악덕 기업이라고 할 수 있을 것이다. 그러나 악덕 기업으로 비판의 대상이 되고 있는 기업 중에는 시장에서 정정당당하게 승부하며 압도적인 경쟁력을 갖추고 있는 곳도 많다. 그리고 이런 회사에는 다음의 공통점이 있다.

- 창업자가 절대적인 권력을 지니고 있다.
- 이인자부터는 힘이 약하거나 표면에 드러나지 않는다.
- 실력주의를 채택한다.

· 성과를 올리면 입사한 지 1~2년 된 사원도 임원으로 승진할 수 있다.

이런 이유로 비판받는 회사는 성희롱이나 갑질 등의 불법행위가 판치는 기업과 똑같이 취급해서는 안 될 것이다. 성희롱이나 상사의 갑질은 위법행위이지만, 동원력을 높여서 사원의 잠재력을 최대한으로 활용하는 것은 당연하고 바람직한 자세이지 비판받을 일이 아니다. 권력의 법칙을 활용해 자본주의 사회에서 최고의 생산성을 실현하고 있는 것이기 때문이다.

비록 악덕 기업이라는 부당한 꼬리표가 붙었지만, 불법행위를 일삼는 회사들과 구별하기 위해 이런 기업을 좀 더 중립적인 표현을 써 '민주독재형 기업'이라고 부르도록 하겠다.

민주독재형 기업의 첫 번째 특징은 권력자가 독재적인 권력을 보유하고 있으며, 권력 기반이 안정적이라는 것이다. 이런 기업은 제2층인 예비 핵심 지지층의 수가 많아 언제든지 핵심 지지층을 대체할 수 있으며, 이로 인해 핵심 지지층의 신분을 더욱 불안정하게 한다. 그뿐만이 아니다.

두 번째 특징은 일반 사원 동원력이 매우 높고, 이들의 능력을 최대한으로 활용하고 있다는 것이다. 6일 전쟁 부분에서 말했듯이 아무리 권력이 안정적이어도 국민의 광범위한 지지가 없으면 전쟁에서 패할 수밖에 없다. 반대로 민주제의 경우 권력자를 선거를 통해서 뽑기 때문에 권력이 안정적이지는 않지만 국민 동원력이 높은 까닭에 전쟁에서 이길 확률이 높다.

민주독재형 기업과 신분제 기업의 차이

●

그렇다면 본사의 경영진은 모조리 일류 대학 출신이고 현장 직원으로 출발한 사람은 영원히 현장 근무만 해야 하는 신분제 기업과 민주독재형 기업의 차이는 무엇일까?

민주독재형 기업을 관통하는 키워드는 '실력주의'다. 신분제 기업에서는 아무리 노력해도 간부가 될 수 없으므로 일반 사원들이 열심히 일할 이유가 없다. 힘든 일을 자발적으로 하는 이유는 자신이 간부 후보라고 생각할 때이기 때문이다. 설령 확률은 낮더라도 언젠가 간부가 될 수 있을지도 모른다고 생각하기에 온 힘을 다해서 일하는 것이다.

그래서 민주독재형 기업은 정사원을 대거 채용한다. 비정규직이나 아르바이트 등의 형태로 고용하면 열심히 일할 동기를 찾지 못하게 되기 때문이다. 또 실제로는 위로 올라갈 기회가 없는데 말로만 "사원은 누구나 경영 간부가 될 기회가 있다", "빠르게 승진할 수 있다"라는 거짓말 따위로 직원들을 우롱하는 짓은 하지 않는다. 그런 거짓말은 금방 들통 날 뿐만 아니라 직원 동원력을 저하시키고 만다. 요컨대 진짜로 실력주의를 실천하는 것이다. 현장을 비정규직 사원들로 메우고 신입 사원을 채용할 때는 출신 대학에 따라 채용·발령하는 사실상의 신분제 기업이나 연공서열을 유지하는 전통적인 기업보다 훨씬 활력이 넘친다.

연공서열은 쉽게 말하면 나이를 기준으로 하는 신분제다. 신분제 조직은 동원력이 약할 수밖에 없다는 사실은 이 경우에도 해당된다. 이렇듯 강력한 권력 기반을 갖추고 있으면서 신분제를 용납하지 않는 민주독재형 기업은 침체된 경제와 사회에 활기를 불어넣는다.

민주독재형 기업의 대표적인 예로는 일본의 한 의류 기업을 들 수 있다. 이 기업은 '세계 동일 임금'을 표방하고 있는데, 이것은 '외국인과 일본인 사이에 신분의 차이를 두지 않겠다'라는 선언과 같다. 실제로는 구매력 평가 등을 기준으로 산정하므로 외국인과 일본인의 급여에 차이가 나기는 하지만, 똑같은 임금 체계라는 점이 포인트다. 국적에 따라 차별하는 신분제로는 직원 동원력을 극대화할 수도, 그 힘을 동원해 세계 무대에서 승리할 수도 없기에 합리적인 판단이라 할 수 있다.

악덕 기업이라는 비판이 무서워서 사장이 독재력을 갖는 대신 학력, 국적 등에 입각한 신분제적 요소를 도입하면 실력주의를 관철할 수 없게 되기 때문에 순식간에 기업의 경쟁력을 잃고 수익성, 성장성을 유지할 수 없게 된다. 다시 말해 악덕 기업이

라고 불리고 있는 회사 중에는 경쟁에서 이기는 전략으로 권력
의 역동성을 활용한 것일 뿐인 지극히 합리적인 회사도 많다. 악
덕 기업이 아니라 역동적인 의사 결정을 가능케 하는 강력한 권
력 기반과 폭넓은 사원 동원력을 양립시키고 있는 우량 기업인
것이다.

권력 기반과 동원력에 따른
4가지 기업 유형

권력 기반과 동원력을 기준으로 유형을 나누어 표를 만들면 다음과 같다.

A. 민주독재형 기업

•

민주독재형 기업은 권력 기반이 확고하며 동원력도 높다. 즉 최고 경영자의 권력이 강하며, 사원을 동원하는 힘도 강력한 회사다. 신생 벤처기업이나 성장한 벤처기업, 창업 당시의 전통을 지키고 있는 회사에서 많이 찾아볼 수 있는 유형인데, 강력한 리더의 출현으로 부활에 성공한 대기업도 이 범주에 속한다.

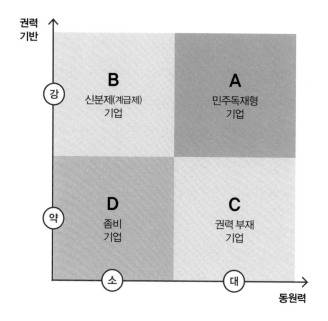

[그림 D] 권력 기반과 동원력을 기준으로 분류한 기업의 4가지 유형

회사 창업 사장의 경우, 주식 보유량도 많고 창업자로서의 권위도 가지고 있어서 권력에 대한 도전을 잘 받지 않는 까닭에 권력 기반이 확고하다. 최고 경영자와 현장의 직접적인 일체감을 저해하는 관료제가 활개 치지도 않고, 사내에 독자적인 세력이나 저항 세력도 없다. 이럴 때 최고 경영자가 일반 사원의 의욕을 높이고 그들을 총력전에 동원할 수 있게 된다.

말하자면 '민주적'이라고 할 수도 있고, 나쁘게는 '전체주의적인 독재'가 성립했다고도 할 수 있다. 사실 국가 통치 형태로서의 전체주의는 최악이지만, 자본주의 사회를 구성하는 기업체에서는 어떤 경영 형태를 선택하든 그것은 자유다.

민주독재형 기업은 최고 경영자가 현장의 생산성을 직접 판단한다. 이것은 규모가 작은 벤처기업이라면 당연한 일이지만, 규모가 큰 기업에서는 어려운 일이다. 그러나 민주독재형 기업은 규모가 커졌음에도 최고 경영자가 관리 회계 등의 시스템을 통해 사업부 책임자나 중간 관리자를 거치지 않고 현장의 생산성을 직접 살펴보는 것이 특징이다.

B. 계급제 기업

●

최고 경영자의 권력 기반은 확고하지만 동원력이 부족한 경우로, 기업의 실질적인 소유주가 경영하는 침체를 겪는 중소기업에서 많이 나타난다.

가족 경영의 연장선상에서 주식의 대부분을 창업자 일가가 보유하고 이사회를 친족들이 독식하면 사장의 권력 기반은 일단 안정된다. 그러나 이런 상태에서는 사업의 경쟁력을 높여서 승부하려 해도 사원들의 의욕은 좀처럼 높아지지 않는다. 사원들 앞에 창업자 일가의 혈연이라는 높은 벽이 자리하고 있어서 아무리 노력해도 높은 곳으로 올라갈 수 없기 때문이다. 이렇게 되면 광범위한 지지 연합 또한 성립되지 않는다.

이 경우는 창업자 일가에 한정된 지지 기반을 어떻게 일반 사원으로까지 넓히느냐가 중요한데, 사실 이 상태에서 벗어나기는 좀처럼 쉽지 않다.

C. 권력 부재 기업

●

최고 경영자의 권력 기반은 강하지 않지만, 사원의 의욕이 높아서 사원들이 자주적으로 동원력을 높이는 경우다. 명확한 권력의 구심점이 없음에도 구성원들이 자주적으로 동기를 부여받아 전력투구하는 상태인 것이다. 비유하자면 도넛처럼 권력의 한가운데가 텅 비어 있으나 사원들은 열심히 일하고 있는 상황이다.

사실 이 유형은 매우 보기 드문데, 사원들의 공동체 의식이 강하고, 현장의 의욕이 높으며, 최고 경영자는 그 기업에 인생을 바친 월급쟁이 사장인 경우에 간혹 이런 유형이 나타난다. 중심적인 권력이 없음에도 사원 개개인이 자발적으로 최선을 다함으로써 어떻게든 전체가 앞으로 나아가고 있다.

과거 고도 성장기에는 이런 기업이 더러 있었다. 고도 성장기는 그저 업계 평균 정도로만 노력해도 회사의 실적이 향상되는,

매우 예외적인 시대였다. 당시는 어떤 업계든 비즈니스 모델도 고정되어 있어서 어쨌든 성장하기만 하면 되는 시대였기에 권력의 중심이 없어서 유효한 의사 결정을 내리지 못하더라도 어떻게든 성장할 수 있었다.

다만 권력의 핵심이 없기 때문에 적절한 타이밍에 유효한 의사 결정을 내리지 못한다. 의견이 다른 복수의 사내 세력이 정치 게임을 벌이는 경우도 있다. 해결책이 나와도 목소리 큰 반대파가 있으면 결정하지 못하게 되기 때문에 조직이 길을 잃고 방황하게 된다.

D. 좀비 기업

•

최고 경영자의 권력 기반이 약하고 동원력도 없는 경우다. 민주 독재형 기업과 정반대되는 기업으로, 조직이 노화되어서 최고 경영자가 리더십을 발휘하려 해도 주변의 방해로 권력 기반을 구축하지 못하고, 연공서열이나 출신 대학이 출세에 영향을 끼치는 신분제가 남아 있어서 사원 동원력이 빈약하다. 이런 기업은 이미 도산했거나 도산 위기에 몰려 겨우 숨만 쉬고 있는 좀비 같은 기업일 수 있다.

창업자가 은퇴하고 회사가 오래되면 내부에서 승진한 월급쟁이 사장이나 외부에서 영입된 경영자의 시대가 된다. 창업자와 달리 주식을 많이 소유했다거나 권위가 있는 것이 아니므로 권력 기반이 위태로워진다. 전 사원이 좀 더 편하게 일할 수 있는 노동 환경을 만들고자 노력한 결과 경영의 투명성을 약화하기도 하고 경쟁을 완화하는 조치를 취하게 되는 경우도 있다. 또 간접 부문의 권한을 강화하거나 특정 사업 부문의 힘을 키우는 경우도 있다.

이런 회사에서는 조직의 관료화가 진행되어 현장과 최고 경영자 사이에 수많은 벽이 생겨나기 때문에 효율이 크게 떨어지고 의사 결정 속도도 느려진다. 내부 조직이 지나치게 복잡해져서 하나의 사안을 결정하려 할 때에도 관련자들이 너무 많이 얽혀 있어서 의사 결정이 느려지는 이른바 '무거운 회사'가 되는 것이다.

이런 회사는 권력 기반 구축과 동원력 강화를 동시에 실시해야 한다. 따라서 대규모 수술을 감행하지 않으면 부활하지 못할 수도 있다는 사실을 직시해야만 한다.

사장의 권력은
동원력이 높을수록 강해진다

앞에서 한 줌밖에 안 되는 핵심 지지층만의 지지를 받을 경우 권력 기반은 안정되지만, 대외 전쟁에서는 승리할 수 없다고 했다. 따라서 동원력을 높일 필요가 있는데, 그 열쇠는 핵심 지지층을 뛰어넘어 모든 계층으로부터 골고루 광범위한 지지를 받는 데 있다. 즉, '광범위한 지지 기반=대연정=총력전' 체제를 갖추어야 한다.

오늘날은 조금 영리한 전략을 생각해냈다고 해서 승리할 수 있는 시대가 아니다. 조직의 말단에 있는 사람까지 의욕이 넘치고, 창의적인 궁리를 하며, 어느 정도 자율적으로 활동해 줘야 비로소 대외 전쟁에서 승리할 수 있다. 요컨대 조직의 말단까지 총력전에 동원하기 위한 궁리가 필요한 것이다.

그 궁리 중 하나는 사원 한 사람 한 사람을 미래의 경영 간부로 간주하고, 그들이 자신을 경영과 직결해 주관적으로 상상하게 함으로써 자발적으로 열심히 일하게 하는 시스템을 만드는 것이다.

손자병법으로는 현대의 전쟁에서 승리할 수 없다

●

2,500년 전 춘추시대 제나라의 병법가 손자(孫子)는 어떻게 전쟁을 해야 하는지에 관해 고찰한 후 병법으로 정리했다. 《손자병법(孫子兵法)》이 바로 그것이다. 비교적 최근까지도 이 《손자병법》을 참고한 수많은 군사 작전이 실시되어 왔다.

그런데 지금은 이 병법이 전쟁에 이길 수 있는 전략이라고 보지 않는다. 베트남 전쟁에서 미국은 전술 차원에서 승리를 거듭하고 국지전에서 지속적으로 전과를 올렸지만 장기간 국력을 소모한 끝에 결국 전쟁에서 패하고 말았다. 그리고 이에 대한 반성에서 어떤 경우에 전쟁을 할 것인지, 전쟁을 한다면 어떻게 임할 것인지에 대한 기준을 만들었다. 처음에는 '와인버거 독트린'이라 불렸고, 후에 '파월 독트린'으로 더 유명해진 미국의 군사 개입 원칙을 정한 것이다.

여기에는 '먼저 전쟁의 필요성을 엄밀하게 판단'하며, '개입이 불가피할 경우, 압도적인 군사력을 투입해 속전속결로 승리한다'라는 방침이 담겨 있다. 민주주의 국가에서는 대의가 없는 전쟁에 막대한 인적·경제적 자원을 투입하면 국민의 반대에 부딪힐 수 있다. 그러면 전쟁을 제대로 수행할 수 없게 되고 어중간해진 끝에 실패할 수도 있기 때문에 대의가 매우 중요하다. '대의가 있는가?', '국민의 광범위한 지지를 얻을 수 있는가?' 현대에는 이것이 군사 작전을 감행할지 말지를 판단하는 중요한 기준 중 하나다.

지금이 2,500년 전과 결정적으로 다른 점은, 소수의 상층부 사람들이 기발한 전략을 구사해 일시적으로 적보다 우위에 서고 기습 공격으로 국지전에서 승리하더라도 지속적인 동원력이 부족하다면 전쟁이 반드시 승리로 끝나지 않을 수 있다는 것이다. 현대의 전쟁은 방대한 자원을 동원해야 하고 수많은 사람이 복잡한 임무를 수행해야 한다. 따라서 동기부여가 되어 자발적으로 움직이는 지지 기반을 동원할 힘이 없이는 승리할 수 없다.

손자가 남긴 몇 가지 병법을 살펴보자.

전쟁은 결국 속고 속이기다. 할 수 있음에도 못하는 척하고, 필요하면서도 필요하지 않은 척한다. 멀어지는 것처럼 보이면서 다가가고, 다가가는 것처럼 보이면서 멀어진다. 유리하다고 생각하게 만들어 유인하고, 혼란에 빠뜨려 무너뜨린다.

용병술에 뛰어난 장수는 군사 징발이나 식량 수송을 두 번 세 번 하지 않는다. 군사 무기는 자국에서 마련하지만 식량은 전부 적의 것을 빼앗아 충당한다. 그런 까닭에 식량 부족에 시달리지 않으면서도 국가 재정 낭비를 최소화할 수 있다.

손자병법에서는 재빠른 행동이 무엇보다 중요하며, 자원은 현지에서 조달하라고 말한다. 병사에게 주는 보수도 현지에서 취득한 전리품으로 나눠주라고 하는데, 넉넉하지 못한 전장에서의 임기응변이었을지도 모르겠다.

그러나 이런 손자병법의 지침을 그대로 따랐던 임팔 전투에서 일본군은 전사자보다 굶어 죽은 병사가 압도적으로 많은, 역사상 가장 비참한 결과를 내고 말았다. 손자병법을 과도하게 신봉한 결과, 전략 입안자의 사고 회로가 당시 실제 전쟁 상황과는 동떨어진 전략을 만들어낸 것이 아닌가 싶다.

전쟁을 시작했다면 이길 때까지 계속할 각오를 하라

●

손자병법의 사고방식을 간단하게 표현하면 '돈 들이지 않고 빠르게 승리할 수 있을 때는 전쟁을 하고, 전쟁을 시작했지만 이길 수 있을 것 같지 않을 때는 돈 낭비 하지 말고 빨리 퇴각하라'라는 것이다. 과거의 중국은 민족국가가 아니었기에 왕조마다 자신들의 세력을 지키는 데 많은 공을 들였다. 국익이라고 하는 개념은 없었고, 자신의 권력과 자신을 지지하는 일부 세력의 이해득실에만 관심이 있었다. 전쟁이 길어지면 지지자인 특권 계층의 경제적 부담이 커지고, 그렇게 되면 자신의 권력 기반이 위태로워지는 상황이었던 것이다.

한편, 미국 국방장관을 지낸 캐스퍼 와인버거(Caspar Weinberger)는 1984년 내셔널프레스클럽 연설에서 미국이 군사력을 동원하는 데 필요한 조건에 대해 다음과 같이 말했다.

첫째, 합중국이나 동맹국의 국익을 근본적으로 해치는 경우가 아니라면 국외에 전투 부대를 보내서는 안 된다.

둘째, 어떤 특정 상황에 전투 부대를 투입할 경우, 우리는 승리한다는 명확한 목표를 갖고 전력을 다한다. 만약 목표를 달성하기 위해 충분한 전력과 자원을 투입하기가 망설여진다면 애초에 전투 부대를 투입하지 말아야 한다.

셋째, 전투 부대를 해외에 파병한다는 결단을 내릴 때는 정치적·군사적 목표를 명확하게 정의해야 한다. 그리고 우리의 전투 부대가 그 명확하게 정의된 목표를 어떻게 달성할지 정확하게 알 필요가 있다.

넷째, 달성해야 할 목표와 전투 부대의 관계(규모, 성과 등)는 지속적으로 재평가되고, 필요에 따라 조정되어야 한다. 전투 중에도 각종 조건이나 목표는 끊임없이 변화한다. 그것이 변화한다면 전투 부대에 대한 요구도 변화한다.

다섯째, 미합중국이 해외에 파병을 할 때는 미국 국민과 하원 위원회의 지지를 얻을 수 있다는 것이 어느 정도 확실해야 한다.

여섯째, 해외 파병은 미합중국의 최후의 수단이어야 한다.

일명 '와인버거 독트린'으로 알려진 위의 연설에서는 손자병법과의 차이점이 명확하게 드러난다. 와인버거는 자원을 절약하는 빠른 승리를 목표로 하기보다는 최종적으로 승리를 거두기 위해 필요한 전력과 자원을 동원할 각오가 되었는지, 국민과 의회의 지지를 얻을 수 있는지에 중점을 두고 있다.

그리고 이 사상은 이후 벌어진 걸프 전쟁 당시 합동참모본부 의장이었던 콜린 파월(Colin Powell)의 '파월 독트린'을 통해 더욱 강화되었다. 즉 '승리하기 위해 충분한 자원을 투입할 각오가 되어 있지 않은 전쟁은 하지 않는다'라는 원칙이 더욱 강화된 것이다. 매들린 올브라이트(Madeleine Albright) 전 국무장관은 좀 더 구체적으로 "전쟁을 해야 할지 말아야 할지는 매우 신중하게 결정하되, 일단 전쟁을 하기로 결정했다면 전쟁의 진전 상황에 맞춰 대규모 육군 부대와 자원을 투입해야 한다"고 말했다.

참고로, 이런 원칙은 아들 부시 정권에서 '충격과 공포 전법'을 쓰면 대량의 자원을 동원하지 않고도 세계 어디서나 전쟁을 할 수 있다고 주장했던 미국 신보수주의 세력 네오콘의 생각과는 기본적으로 다르다. 적은 비용으로 전쟁을 할 수 있다는 네오콘의 주장은 언뜻 좋아 보이지만, 이 발상에 입각해 치렀던 이라크 전쟁 전후, 저항 세력이 지속적으로 게릴라전을 펴면서 십 수만 명의 미국 병사가 이라크에 계속 주둔해야 했으며, 당시 국방장관이었던 도널드 럼스펠드(Donald Rumsfeld)는 결국 사임하고 말았다. 여기서도 확인되듯이 일단 전쟁을 시작했다면 압도적인 군사력을 쏟아부어서 전쟁을 속전속결로 끝내야 하는 것이었다.

반면, 손자의 세계에서는 병사들에게 인센티브로 전리품을 주었고, 병사의 죽음은 곧 전쟁에서의 손실로 인식되었다. 그런가 하면 손자는 다음과 같이 병사들을 절체절명의 위기로 몰아넣어 죽음을 각오하고 싸우게 할 것을 주장하기도 했다.

군을 통솔할 때는 어디까지나 냉정하고 엄정한 태도로 임해야 한다. 병사에게 작전 계획을 알릴 필요는 없다. 전략 전술의 변경에 관해서는 물론이고, 군의 이동 동선 등에 관해서도 병사에게 그 의도를 알려서는 안 된다.

일단 임무를 부여했으면 높은 곳에 올려 보낸 후 사다리를 치워 버리듯이 퇴로를 끊어 버려야 한다. 적의 영내 깊숙이 침투했다면 활시위를 떠난 화살처럼 나아가고, 배를 불태우고 가마솥을 부숴서 병사에게 살아 돌아갈 것을 포기시키고 양을 몰듯이 분주히 움직이게 해야 한다. 또한 어디를 향하고 있는지 병사에게 절대 알리지 않는다.

손자는 개인의 손익 관점에 주목했다. 병사는 어디까지나 자신의 목숨과 전리품을 위해서 싸우고, 장수의 역할은 그 환경을 만드는 것이라는 것이다. 그런데 이 인센티브에 대한 합리적인 사고는 권력 강화 측면에서 볼 때는 매우 중요할 수 있지만, 현대전에 적용하려 한다면 신중해야 한다. 퇴로를 끊고 죽음을 각오하고 싸우게 하는 것은 과거 사회주의 국가에서는 가능했을지 몰라도 오늘날 민주주의 국가에서는 불가능하다. 독일의 히틀러조차 국민들의 비판에 직면했었다. 또 현대전에서는 전리품이라고 할 만한 것도 없다. 손익만 따져 병사를 싸우게 하기에는 무리가 있다.

현대전에 반드시 필요한 동원력을 높이려면 개인의 손익을 넘어 국익이라는 좀 더 고차원적인 관점, 죽음의 위험을 무릅쓰고 싸울 수 있게 하는 가치, 초월적인 대의가 필요하다. 그리고 국민이 지지하는 초월적인 대의를 위해 충분한 자원을 투입하는 것이 중요하다. 즉, 리더가 외치는 대의가 광범위한 계층으로부터 지지를 받아야 하는 것이다.

이는 기업에서도 마찬가지다. 해고에 대한 두려움과 두둑한 보너스는 매우 효과적이고 중요한 수단이지만, 그것만으로는 진정으로 조직의 동원력을 높일 수 없다.

소규모 연합으로는 한계가 분명하다

●

이처럼 서로 다른 두 가지 사고방식은 권력 기반의 차이에서 비롯된다.

권력 기반이 일부 계층의 지지를 통해 지탱되는 소규모 연합 (small coalition)이라면 손자병법처럼 순간 치고 빠지는 기습 전법이 유효하다. 한편, 민주주의 국가의 리더처럼 폭넓은 계층을 지지 기반으로 둔 경우에는 막대한 자원과 넓고 확고한 지지층을 동원해 반드시 이길 승산이 없다면 전쟁은 시작도 하지 말아야 한다.

이라크의 전 대통령 사담 후세인은 1991년 걸프 전쟁에서 패한 뒤에도 2003년 이라크 전쟁 때 은신처에서 체포당하기까지 10년 이상 아무 문제 없이 권력을 유지할 수 있었다. 미국이 사담 후세인을 노리고 전쟁을 시작하지 않았다면 아직도 그는 권좌에 앉아 있었을 것이다. 그게 가능했던 것은 무엇 때문일까?

사담 후세인에게서는 소규모 특정 계층만의 지지를 받는 리더의 특징을 발견할 수 있다. 이런 리더는 심각한 고민 없이 전쟁을 시작하고, 불리해지면 쉽게 패배를 인정하고 철수한다. 승패에 열광하는 민중이 아니라 부패한 측근들의 지지만으로 권력을 지탱하고 있었기에 전쟁에서 패하더라도 자신의 신분은 안정적이었던 것이다.

지지 연합의 덩치를 키울수록 동원력은 높아진다. 그러나 지지 연합을 확대하면 일부 특권 계층의 이익이 줄어들기 때문에 기존 지지자들은 지지 연합이 확대되는 것을 반대한다.

정리해보면, 권력 유지만을 생각한다면 지지 연합은 작은 편이 좋다. 그러나 대외 전쟁에서 승리하기 위해서는 지지 연합의 덩치를 키우는 수밖에 없다. 즉, 작은 지지 연합만으로는 전쟁에서 승리하기가 어렵다.

예를 들어 북한은 체제를 수립하는 데 공헌했던 사람들의 자손으로 이뤄진 수백만 명의 핵심 계층이 국가, 권력에 대한 충성심이 흔들릴 가능성이 있는 약 3,000만 명의 동요 계층과 일본에서 귀국한 사람 등 불만을 품을 가능성이 있는 적대 계층을 통치하고 있는 신분제 사회라고 볼 수 있다. 기본적으로는 소규모 연합을 기반으로 권력을 유지하고 있는 것이며, 교화 등을 통해 통치하고는 있지만 광범위한 동원력은 의외로 약할 가능성이 있다.

한편, 일부 기업에서 사원을 다루는 방식을 살펴보면 손자병법의 악영향이 엿보인다. 현장에 충분한 자원을 투입할 생각은 없이 정리해고의 공포에 떨게 하면서도 사원들에게 '현장에서 자기 힘으로 살아갈 것'을 요구하는데, 이래서는 충분하고 광범위한 동원력을 기대할 수 없을 것이다. 이럴 때 직원들 스스로 과도한 노동이나 자기희생을 정당화할 대의가 필요하다. 사욕을 버리고 공공의 이익을 위해 힘써야 한다는 낡은 사고를 뛰어넘는, 지금의 시대에 합치하는 대의를 명확히 해서 새로운 통합 원리를 만들어낸 기업만이 강한 기업이 된다.

동원력을
약화시키는 2가지 벽

조직 내부에 학연 등을 기준으로 한 신분의 차별이나 사업부 간 파벌주의가 존재하는 회사는 광범위한 지지 기반을 만들 수 없으며, 그 결과 동원력을 이끌어낼 수 없다.

사내에 다음과 같은 수직, 수평의 벽이 있는 회사에서는 대연정이 성립하지 못하며, 따라서 일반적으로 동원력이 매우 낮다.

1. 수직의 벽

- 사내에 신분의 차별이 존재한다.
- 본사에는 엘리트들만 근무하고, 조직에서 두뇌 역할을 하는 계층과 손발 역할을 하는 계층이 명확히 나뉘어 있다.
- 본사와 현장 사이에 거리가 있다.

- 현장은 본사의 지시대로 그날그날의 업무를 처리할 뿐이다.
- '현장의 리더십'이라는 것이 없다.

2. 수평의 벽
- 조직이 폐쇄적으로 구성되어 있으며, 각 사업부가 봉건시대의 영주들처럼 중앙에 저항한다.
- 수평적 리더십이 부재하다.

권력 기반을 강화하고 동원력을 높이라

●

관료제가 판치고 사내에 다양한 벽이 존재해 침체에 허덕이며, 파벌 간의 세력 다툼에 의해 최고 경영자가 결정되는 회사는 최고 경영자의 권력 기반이 약하고 동원력도 없는 좀비 기업이 되고 만다. 이런 회사는 권력 기반 구축과 동원력 확대라는 두 마리 토끼를 다 잡지 않으면 민주독재형 기업이 될 수 없다.

좀비 기업이나 다름없었던 일본항공이 다시 일어설 수 있었던 것은 강력한 권력 기반 구축과 조직 전체의 동원력 확대를 동시에 이루었기 때문이다. 강력한 권력 기반 구축은 회사정리법을 적용해 실현했다. 이를 통해 과거의 경영진과 주주가 전부 교체되었고, 담보권을 가진 은행 등 채권자의 권리도 다수결을 통해 변경할 수 있었다.

도산에 직면한 주식회사의 정리에 관한 사항을 규정해놓은 회사정리법은 '합법적인 기업 탈취 제도'라고 불리기도 한다. 기존의 기업 관계자들을 모조리 추방함으로써 새로운 권력자가 강력한 지지 기반을 구축하기에 용이한 환경을 조성할 수 있기 때문이다. 회사정리법은 잘 만들어진 제도다. 복잡한 이해관계자들 사이에서 이러지도 저러지도 못 하고 있는 상황일 때, 이 법을 적용하면 성가시게 하는 사람들을 전부 정리할 수 있다. 그러나 아무리 권력 기반이 안정되어도 많은 사원을 동원할 힘이 없다면 본격적이고 지속적인 실적 회복은 불가능하다.

원래 일본항공 회생 계획의 중심 정책은 운항 기종 수 축소와 노선 감축, 인원 감축 등이었다. 그런데 후에 운항 기종 수 축소, 인원 감축 등의 정책이 실적에 끼친 영향에 대해 분석한 결과, 회생 계획 실행만으로는 설명할 수 없는 400억 엔(약 4,400억 원) 규모의 실적 개선 효과가 있었다.

이는 '동원력' 개선에 따른 실적 개선 효과였다. 사원 한 사람 한 사람이 일상 업무에서 매출을 올리고 비용을 낮추기 위해 궁리하고 노력한 결과의 총합이었던 것이다.

원래 일본의 산업재생기구는 이나모리 가즈오 회장은 허수아비일 뿐이라고 여겼고, 배후에 있는 자신들이 수립한 계획에 따라 일본항공 회생 계획이 실행될 거라고 예상했다. 그러나 이나

모리 회장은 그들의 생각과 달리 독자적인 회생 프로그램을 갖고 있었다. 그것은 아름 아닌 일본항공을 총력전을 벌일 수 있는 회사로 만든다는 것이었다. 이처럼 리더가 허수아비일 것이라는 예상을 뛰어넘는 공헌을 했기에 회생 계획만으로는 실현할 수 없는 수익 개선 효과를 거둘 수 있었던 것이다.

그래서 이렇게 회사정리법을 적용해 새로운 최고 경영자의 권력 기반을 확고히 하고, 그에 따라 회생에 집중할 수 있는 체제를 만들었다. 그러나 이사회를 장악하는 것만으로는 소규모 연합이 돼 버리기 때문에 동원력까지는 생겨나지 않는다. 지지 기반을 임원뿐 아니라 조직 전체로 확대해 대연정을 구성함으로써 총력전 체제를 구축할 필요가 있는 것이다.

대연정을 구성하기 위해 이나모리 회장은 다음의 네 가지 정책을 시행했다.

계급제 폐지

일본항공은 원래 국영기업이었던 까닭에 학력을 기준으로 '대졸 사원은 본사, 고졸 사원은 현장'으로 발령하는 일종의 계급제도가 남아 있었다. 또 조종사나 승무원 같은 현장 직원과 본사 직원 사이에도 엄연하게 벽이 존재했다.

⇨ 이나모리 회장은 조종사 출신을 차기 사장으로 택했다. 이는 매우 상징적인 사건이었다. 동원력을 확대하기 위해 이런 계급제를 없애는

것은 너무나 당연하고 중요한 일이다.

본사 중간 조직의 권한 축소

그때까지 일본항공에서는 경영기획본부가 예산 책정이나 수익·지출 관리를 전부 담당하고 있었다. 이 때문에 계획을 만드는 사람과 계획을 실행하는 사람이 일치하지 않았고, 매출이나 이익, 비용 같은 기본적인 경영 수치가 현장에서 공유되지 못했다. 경영기획본부는 계획 책정에는 관여했지만 실행에는 관여하지 않았고, 실행은 전적으로 해당 사업 본부의 책임이었다.

⇨ 새로운 체제에서 경영기획본부는 사업 회생을 지원하는 역할을 담당했고, 기존의 권한은 대폭 축소되었다.

숫자를 통해 최고 경영자와 현장을 직접 연결

그때까지 정비 사업부, 객실 사업부, 운항 사업부, 공항 사업부 등 기능별 조직은 주로 지출을 하는 부서로, 수익은 나지 않는 구조였다. 이 때문에 경영기획본부에서 할당한 예산을 소화하기 위해 경비를 쓰는 등의 행동을 보이기도 했다.

⇨ 회사 내 타 부서에 제공되는 모든 서비스 업무를 거래 대상으로 보고 각 사업부 사이에서 매출이 발생했다고 간주하는 '사업부별 관리 회계 시스템'을 도입했다. 이렇게 해서 각 사업부는 경영기획본부를 경유하지 않고 직접 해당 사업부 최고 경영자에게 자기 사업부의 수익에 대

해 설명하는 책임을 지게 되었다.

이념을 통해 최고 경영자와 현장을 직접 연결

기존 경영 이념이라는 것은 번지르르한 슬로건에 불과하며, 지극히 상식적인 말을 하는 이나모리 스타일은 일본항공 같은 고학력·고기능 집단에 적합하지 않다고 여겨졌다.

⇨ 간부 사원을 대상으로 한 연수를 통해 의식 개혁을 꾀하고, 경영 이념을 전 사원들과 서서히 공유했다.

이나모리 회장이 일본항공을 재건할 수 있었던 비결은 단순히 정신론을 주입한 데 있지 않다. 이나모리 회장은 권력의 법칙에 따라 중간 조직의 권한을 축소하고, 계급제라는 수직적인 벽을 허물었으며, 이념을 정비하고, 관리 회계 시스템을 바로잡아 최고 경영자와 현장을 직접 연결함으로써 권력을 최고 경영자에게 집중시키는 동시에 동원력을 확대한 합리적인 정책을 펼쳤다. 창업자이기도 했던 그는 조직을 오랫동안 이끌어온 경험을 바탕으로 대연정을 강화하는 기법을 구사했다. 그렇기에 외부에서 영입되었고, 항공 비즈니스에 문외한이었으며, 게다가 극소수의 심복만을 데리고 일본항공에 왔음에도 불구하고 단기간에 회사의 동원력을 끌어올릴 수 있었다.

[그림 E] 중간층과 계급제라는 수직의 벽을 부수고, 이념을 정비해 현장과 직접 연결했다

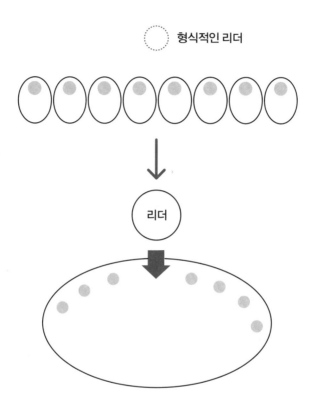

형식적인 리더

리더

권력은 민주독재 체제일 때
가장 강력하게 발동한다

대연정은 조직 내의 수직, 수평의 벽을 없애고 사원을 최대한 작은 단위로 분할해 최고 경영자와 직접 연결할 때 성립한다. 대연정 체제는 본사 직원과 현장 직원이 다른 대우를 받는 수직적 계급제 체제와도, 각자 소속된 사업부만 챙기고 서로에게 무관심한 수평적 독립 왕국 체제와도 다르다. 최고 경영자 대 직원만 있는, 수평적이지만 역동적인 체제다.

전체주의적 독재란 혈연, 지연, 학연 등의 벽을 걷어내고 국민한 사람 한 사람이 지도자와 직접 연결된 상태를 말한다. 일부 계급이 나머지를 지배하는 귀족 정치와 반대로 국민 전체의 민의에 따라 광범위한 동원이 가능한 급신적인 민주주의 체제다. 그러므로 독재와 민주주의는 양립할 수 없는 것이 아니다.

국가 체제로써 전체주의는 악몽이지만, 기업의 경우는 리더와 구성원 한 사람 한 사람이 직접 연결되면 매우 강력한 힘을 발휘하게 된다. 민주독재주의를 실천할 수 있는 리더야말로 총력전에서 조직의 잠재력을 끌어낼 수 있는 것이다.

봉건영주가 존재하는 한 리더에게 권력이 집중될 수 없다

●

그러나 사내에 권력자의 말을 듣지 않는 독립 왕국이 생겨나 봉건영주화되면 민주독재 체제는 성립하지 못한다.

일본의 한 중공업은 권력 기반과 동원력을 기준으로 분류한 기업 유형 중 C, 즉 권력 부재 기업에 해당한다.

2013년 6월 13일, 가와사키중공업은 임시 이사회를 열어 하세가와 사토시 당시 사장 등 임원 세 명을 당일부로 해임했다. 그리고 그때까지 정식으로 인정하지 않았던 미쓰이조선과의 경영 통합 교섭에 대해 처음으로 그 사실을 인정하고 "교섭을 중단한다"라고 표명했다. 그리고 같은 날 상무에서 후임 사장으로 전격 취임한 무라야마 시게루는 기자회견에서 이렇게 이례적으로 사장을 해임한 데 대해 "이사회를 경시하는 행동으로 인해 더 이상 중책을 맡길 수 없었다"라고 설명했다. 그는 경영 통합 교섭을 추진해 온 하세가와 사장 등

세 사람에 대해 "적절한 프로세스나 판단 과정을 도외시하고 경영 통합만을 우선하는 자세에 강한 불신감을 느꼈다"라고도 말했다.

구성원 전원이 출석한 임시 이사회에서는 거론된 세 사람을 제외한 나머지 구성원 전원이 그들의 해임에 동의했다.

앞서 미쓰이조선과 경영 통합 교섭을 진행하고 있다는 사실이 신문에 보도되었지만, 그에 대해서는 "그런 사실은 없다"라고 계속 부정해 왔었다. 그러다가 하세가와 사장 등이 해임되면서 "교섭한 사실은 있지만 아무것도 결정되지 않았다"라고 정정했다. 그리고 이사회에서는 교섭을 백지화하기로 결정했다.

얼마 후 정기주주총회를 열었고, 그 자리에서 신임 사장으로 취임한 무라야마와 새로운 경영진은 해임된 세 명을 제외하고 이사 열 명을 선임하는 의안을 제출했다.

해임된 세 사람은 주주총회에 참석하지 않았다. 의장을 맡은 무라야마 사장은 세 사람을 해임한 이유를 다시 한 번 밝히고, 그런 일이 일어나게 된 것에 대해 사과했다.

통합 교섭 중단에 관해서는 "검토 결과 기업 가치 향상으로 이어지지 않는다고 판단했다"라면서도 "상대 기업과 비밀 준수 의무 계약을 맺었기 때문에 자세한 내용은 말할 수 없다"라고 말했다.[8]

---

8 마쓰오카 이사오, 〈ITmedia〉, "가와사키중공업 사장 해임극을 통해서 본 지배 구조의 요체" 편집·인용.

이 해임극은 역사 깊은 일류 기업에서 '적절한 프로세스나 판단 과정을 도외시하고 경영 통합만을 우선하는 자세에 강한 불신감을 느꼈다'라는 이유로 부하들이 일제히 들고일어나 최고 경영자를 해임한 사건으로, '집안싸움', '쿠데타'로 회자되었다.

미쓰이조선과의 통합에 관해 애널리스트들은 긍정적인 측면과 부정적인 측면을 모두 상세히 지적해 왔는데, 주주에 대한 설명으로 가장 핵심적인 부분이어야 할 '기업 가치의 향상으로 이어지지 않는다'라고 판단한 근거를 전혀 제시하지 않은 것은 매우 기이하게 느껴진다. HP가 컴팩 인수를 둘러싸고 위임장 쟁탈전을 벌이며 주주들의 의향을 확인했던 것과 달리 가와사키중공업은 내부 분쟁의 형태로 일이 진행되었기 때문에 외부에서는 사정을 전혀 알 길이 없었다.

이 쿠데타는 보통은 핵심 지지층으로 간주되는 이사들이 각자 자신의 영지를 보유한 봉건영주처럼 존재했기 때문에 일어난 일이었던 듯하다. 이처럼 사업이 다각화된 회사에서는 각 사업부가 각자 자신의 영지를 늘리고 발언의 영향력을 확대함으로써 예산이나 지위를 더 따내려고 애쓰는 경우가 많다. 자신의 사업부가 축소되기라도 하면 공장이 폐쇄될 수도 있고, 부장이나 관리직 직원 수를 줄여야 하거나, 직위에 변화가 생기는 등 부하와 자신에게 직접적인 영향을 끼치게 될 것이기 때문이다. 그렇기에 이들에게는 한가하게 기업 가치 같은 것을 걱정할 여유가 없다. 대대적인 M&A는 자신의 사업부에 불이익을 가져다 줄 수도 있기 때문에 불안감만 가중할 뿐이다.

하세가와 등을 해임한 직후의 기자회견에서 기업 가치에 대한 언급이 전혀 없었던 사실로 미루어볼 때, 당시 이사회에서는 회사 전체의 기업 가치 따위는 아무도 걱정하지 않았던 듯하다.

이처럼 권력 기반의 붕괴는 언제나 핵심 지지층에서부터 시작된다. 내부에서 서로 세력을 다투는 혼돈의 상태에서는 권력자의 지위가 매우 불안정해지는 것이다.

미국에서 활동하던 마피아 보스 폴 카스텔라노(Paul Castellano)는 조직 내에 강도와 고리대금업, 매춘 등 마피아의 전통적인 비즈니스와 마약을 금지하는 대신 비교적 합법적인 세계와 가까우면서도 큰 이익을 낼 수 있는 경제와 관련된 사기에 힘을 쏟는 등 비즈니스를 근대화시키려고 했다. 기업에 비유하면 매춘 사업부와 강도 사업부, 고리대금 사업부를 축소하고 마약 사업부를 폐지한 뒤 경제 사기 사업부에만 힘을 쏟은 것이다.

이렇게 하면서도 모든 부하들에게 돈이 골고루 돌아가게 했다면 문제는 일어나지 않았겠지만, 미국 마피아의 보스로 위세를 떨치고 있던 자신을 과신한 탓에 이런 부분을 충분히 신경 쓰지 않았던 듯하다. 결국 마약 비즈니스로 큰돈을 벌고 있던 부하들이 서로 결탁해 쿠데타를 일으켰고, 그는 뉴욕의 단골 스테이크하우스에 가던

도중에 기관총의 집중 사격을 받고 벌집이 되고 말았다.

부하라고 해서 언제까지나 복종할 것이라는 보장은 없다. 항상 자신의 편으로 남게 하고, 언제까지고 자신을 지지하도록 하려면 끊임없이 머리를 써야 한다. 오랫동안 함께 있었으니까, 속마음을 잘 아는 부하니까 자신의 말을 잘 들을 것이라고 안심해서는 절대 안 된다. 그리고 보스의 실각은 가장 가까운 부하, 핵심 지지층의 이익을 의도치 않게 침해한 데 대한 반작용에서 비롯될 때가 많다는 것을 기억해야 한다.

권력 기반 강화를 위한 지주 회사 전략

●

강하고 광범위한 권력 기반을 유지하려 한다면 민주독재주의, 이른바 전체주의 체제를 지향하게 된다. 자신이 담당하는 사업부의 이익을 무엇보다 우선시하는 봉건영주 같은 사람이 조직에 있으면 리더의 권력 기반이 흔들릴 수밖에 없다. 따라서 이럴 때는 특정 사업부의 이해득실에 민감한 봉건영주를 이사회에서 배제하는 것이 최선의 방법이다.

이사회를 개혁해 권력 기반을 강화한 DOWA(옛 도와광업)의 사례를 살펴보자.

DOWA는 1884년에 창업한 이후 오랫동안 일본 내에 광산을 소유하고 구리, 아연 등 비철금속 정련을 주업으로 해온 역사 깊은 기업이다. 그러나 1990년대 이후로는 적자를 면치 못하고 있었고, 자산을 조금씩 매각하며 근근이 버티고 있었다.

그러다 2006년에 DOWA홀딩스 체제로 전환하고 산하에 다섯 개의 분사를 두었다.

각 사업부에 권한을 위임하고 책임을 명확히 하려는 목적이었지만, 사실 여기에는 또 다른 중요한 목적이 있었던 것으로 생각된다.

기존에 많게는 스무 명까지 있었던 이사회는 열다섯 명으로 줄었고, 다시 열세 명으로 축소되었으며, 임기는 2년에서 1년으로 단축되었다. 그런데 DOWA의 2007년 유가증권보고서에 따르면 실제 이사 수는 그보다 더 적은 일곱 명이었다. 사장과 회장, 사외 이사를 제외한 임원은 네 명에 불과했으며, 그마저도 직접 담당하는 사업부가 없는 사람들이었다. 다시 말해 자신의 고유 영역이 없어서 사실상 사외 이사처럼 전체적인 관점에서 회사를 생각할 수 있는 사람들이었던 것이다. DOWA홀딩스의 전체 직원은 40명에 불과했으며, 홀딩스의 이사회는 회사 전체의 전략을 구상하는 데 집중할 수 있었다. 즉, 홀딩스는 회사 전체의 전략을 구상하고, 그 논의된 내용을 지원하는 조직이었던 셈이다.

이쯤 되면 형식상으로는 지주회사 제도를 취하고 있지만 그 노림수는 사외 임원의 비율을 높인 '위원회설치회사(company with committees)'에 가깝다고 할 수 있었다. 일본 회사법 개정으로 위원회설치회사가 갓 탄생하기 시작한 2006년에 이런 개혁을 할 수 있었던 것은 놀라운 일이라고밖에 할 말이 없다.

당시 DOWA의 요시카와 히로카즈 사장이 임원들이 독립 봉건영주가 되는 것을 얼마나 막고 싶어 했는지는 임원실과 비서실 사이에 있는 물리적인 벽을 해체한 것만 봐도 알 수 있다. 그는 《벽을 없애라》라는 책에서 이렇게 말했다.

임원들에게는 '임원실과 비서실은 회사 내 일반 조직과는 별개의 조직이다'라는 인식이 있었다. 일반 사원들과는 명확히 선을 그음으로써 위엄을 유지하고 대단한 사람이 된 것 같은 기분을 누려 왔으리라. … 악의 근원은 임원실과 비서실 안에 있다. 벽이 무너지면 곤란한 사람은 임원과 비서뿐이다. 그런 의미에서는 오히려 제일 먼저 부숴야 했지만, 저항이 강해서 다른 벽보다 1년 정도 늦어졌다. 그것도 마지막에는 임원들을 설득하기를 포기하고 나 혼자 의사 결정을 한 후 휴일을 이용해 부숴 버렸다. 실력 행사에 나선 것이다. 그런데 신기하게도 내게 직접 불만을 토로한 임원은 없었다.

그 후 DOWA는 당연하다는 듯 위원회설치회사 체제로 옮겨 갔다. 즉, 기업의 일상 업무와 한 발 떨어진 곳에 의사 결정 기구를 두고 권력의 중심을 외부에 둠으로써 오히려 권력 기반을 강화해 권력 부재 상태에서 벗어난 것이다.

4장

권력을 유지하고 강화하는 7가지 비책

"

우리가 깊이 고민해야 할 것은 목적에 대해서가 아니라
그 목적을 어떻게 달성할 것인가에 대해서다.

"

아리스토텔레스(Aristoteles)

권력에 대한 이해 없이
권력 게임에 뛰어들면 생기는 일

벤처기업의 사장은 적은 수의 직원들에게 직접 자신의 아이디어를 전달할 수 있기에 방향성이 통일된 밀도 높은 팀을 만들 수 있다. 그러나 일정 인원을 넘어 조직이 커지면 한 사람 한 사람을 설득하는 시간을 비롯해 커뮤니케이션에 들어가는 비용이 너무 많아지기 때문에 그전처럼 할 수가 없게 된다.

인원수가 늘어나면 사장은 자신의 비전에 뜨겁게 공감하는 사람들만을 상대할 수가 없게 된다. 사장의 의견에 딱히 공감하지 않지만 급여를 받고 있으니까 함께하는 사람도 있을 것이고, 애초에 열심히 일할 생각이 없는 사람도 있을 것이다. 정면으로 반발하는 사람도 생길 것이다. 또 창업 사장이라면 몰라도 2대 사장이나 고용된 사장이라면 더더욱 자신의 말을 듣지 않는 사람을 상대할 일이 많을 것이다. 그럴 경우 합리적 설득만으로 조직을 움직이는 점점 어려워진다. 그래서 권력의 힘을 빌릴 필요가 있다. 그러나 필요에 못 이겨 익숙하지도 않은 권력 게임에 손을 댔다가 실패하는 일이 종종 발생하곤 한다.

이스턴항공은 1926년에 창업한 미국의 항공 회사로, 1975년부터 1986년까지 NASA의 유명한 우주 비행사였으며 아폴로 8호의 선장이었던 프랭크 보먼(Frank Borman)이 사장을 맡았다.

1978년의 규제 완화로 항공업계에서는 비용 절감을 통한 경쟁력 강화가 시급한 과제로 떠올랐다. 이에 보먼은 인건비를 절감하기 위해 노조와 교섭을 했는데, 노조가 임금 삭감을 완강하게 거부하자 "임금 20퍼센트 삭감을 받아들이지 않는다면 회사를 매각하겠다"라고 노조를 위협했다. 그러나 고용 계약 기간이 아직 몇 년이나 남아 있었기에 노조는 그 위협을 허풍으로 여기고 코웃음을 쳤다.

그러자 보먼은 그 말이 진심임을 보여주기 위해 기업 사냥꾼으로 유명한 프랭크 로렌조(Frank Lorenzo)를 끌어들였다. 프랭크 로렌조는 콘티넨털항공의 노조를 상대로 받아들이기 힘든 조건을 내세워 협상을 하다가 콘티넨털항공을 일단 파산시킨 다음 재건한 이력이 있는, 노조에는 공공의 적과 같은 자였다. 이 사실이 알려지자 겁을 먹은 이스턴항공의 노조는 마지못해 임금 삭감을 받아들였다.

이때까지만 해도 보먼의 전략은 성공한 듯 보였다. 사실 보먼은 처음부터 로렌조에게 회사를 팔 생각은 없었다. 그저 그의 평판을 이용해 노조를 겁주려는 의도였던 것이다. 그러나 보먼의 의도와 달리 정말로 이스턴항공을 인수할 생각이었던 로렌조는 이스턴항공의 이사회를 구워삶는 데 성공했다. 결국 콘티넨털항공은 이스턴항공을 인수했고, 보먼은 사장 자리에서 쫓겨나고 말았다.[9]

유명한 우주 비행사이고 인격적으로 훌륭한 사람이었던 보먼도 설득이라는 정공법만으로는 노조가 20퍼센트나 되는 임금 삭감안에 동의하게 할 수 없었다. 결국 익숙하지 않은 권력 게임에 손을 댄 보먼은 기업 사냥꾼을 끌어들여 노조를 위협함으로써 목적을 달성하는 듯했지만, 교활한 기업 사냥꾼에게 결국 당하고 말았다.

권력 게임은 이처럼 비정하다. 권력에 대해 제대로 이해하지 못하는 사람이 뛰어들기에는 너무 큰 위험을 감수해야 하는 게임인 것이다. 만약 보먼이 '권력 기반을 강화하기 위해서는 자신의 핵심 지지층을 확실히 장악해야 한다'라는 권력의 법칙을 터득하고 있었더라면 보다 효과적인 방법을 강구할 수 있었을지도 모를 일이다.

---

9 Yasser Nafei, *Corporate Dictatorship: The Evil Behind the Collapse of the World's Economy*, 2014.

권력을 효과적으로 구사하기 위한
사장의 비책

이제 지금까지 이야기한 권력의 법칙을 실천할 때 도움이 되는 몇 가지 비책과 하지 말아야 할 일에 대해 배워보자.

권력자는 무엇을 하든 먼저 투명성을 높이기 위해 노력해야 하고, 자신이 해야 할 일을 기탄없이 이야기한 다음 이성적인 설득, 상대의 인격에 호소하는 전인격적인 설득을 통해 상대가 움직이게 해야 한다. 교과서적으로는 분명히 이렇게 하는 것이 옳은 방법이다.

그러나 지금까지 수차례 지적했듯이 누군가를 합리적으로 설득하는 데는 큰 비용이 들어간다. 그래서 지지 기반을 구축할 때는 합리적인 설득 대신에 논리 이외의 측면으로 매료시키는 방법, 경영 자원을 배분하는 방법, 은혜와 의리를 갚는다고 생각하도록 만드는 방법 등을 구사해야 한다.

권력자가 핵심 멤버의 지지를 얻는 방법은 이처럼 다양하지만, 여기에서는 특히 효과적인 방법 몇 가지를 소개하겠다.

사장의 비책 1.
진심은 통한다

지금까지 권력 기반과 동원력을 중심으로 권력자의 카리스마적인 매력과는 거리를 두고 건조한 시점에서 이야기를 해왔다. 많은 리더들이 가지고 있는 카리스마적 매력은 사실 권력의 원천이라고 말하기 어려우며, 권력을 이해하기 위한 열쇠는 역시 이 책의 주제인 가치관이 개입되지 않은 건조한 권력 공학적 시점에 있기 때문이다. 꼭 카리스마적 매력이 있어야만 권력을 잡을 수 있는 것은 아닌 것이다.

다만 핵심 지지층 개개인으로부터 지지를 얻어내려면 사람을 개인적으로 매료시키는 힘이 있으면 더 유리하다. 사람을 개인적으로 매료시키는 힘과 자원을 배분하는 힘을 조합하면 핵심 지지층을 중심으로 한 권력 기반을 강화할 수 있다.

그렇다면 구체적으로 살펴보자.

권력을 잡은 초기에는 어떤 독재자든 지지 기반이 안정적이지 못하기 때문에 먼저 가까운 그룹의 지지 기반을 다져야 한다. 스탈린도 권력자의 자리에 오른 초기에 먼저 핵심 멤버인 정치국의 지지 기반을 다져야 했다. '스탈린은 정치국 사람들이 그들끼리 결속해 자신을 배척할 가능성이 얼마든지 있음을 충분히 숙지하고 있었기'[10] 때문이다.

최근 들어 연구된 자료들을 통해 스탈린이 당시에 어떻게 정치국에서 권력을 확립했는지 좀 더 자세히 살펴보자.

당시 스탈린이 당 내에서 권력을 획득하기 위해 사용한 기본적인 수법은 공포심이 아니라 '매료하는 힘'이었음이 밝혀졌다.

… 그러나 새로운 자료에 따르면 스탈린의 진정한 재능은 다른(그것도 의외의) 곳에 있었다. '그는 타인을 매료시킬 수 있었던' 것이다. 요즘 말로는 '사교적인 사람'이었던 것이다. 진정한 의미에서 타인에게 공감하는 능력은 결여되어 있었지만, 한편으로는 우정의 명수였다. 툭하면 짜증을 내기는 했지만, 스탈린이 누군가를 매료시키기로 결심했다면 그 매력에서 헤어나올 수 있는 사람은 없었다. …

---

10 Simon Sebag Montefiore, *Stalin: The Court of the Red Tsar*, 2004.

스탈린과 변치 않을 유대감이 형성된 것 같은 인상을 상대에게 줬기 때문이다.[11]

이렇게 타인을 매료시키는 힘을 '개개인에게 자원을 배분하는 능력'과 조합했다는 점이 스탈린의 강점이었던 것으로 생각된다.

스탈린은 그들을 회유하고, 매료시키고, 조종하고, 협박해서 자신의 명령에 따르도록 만드는 솜씨가 일품이었다.

자동차와 최신 가전제품을 나눠줄 때도 그가 직접 지시했다. 자료 중에는 지도부 전원에게 자동차를 나눠주었을 때 스탈린이 손으로 쓴 배포 목록과 함께 그 선물을 받은 간부의 아내와 딸들에게서 받은 감사의 편지가 남아 있다.

부하가 금전적으로 어려움을 겪고 있음을 눈치채면 스탈린은 몰래 그 부하를 도왔다.[12]

---

11 Simon Sebag Montefiore, *Stalin: The Court of the Red Tsar*, 2004.
12 Simon Sebag Montefiore, *Stalin: The Court of the Red Tsar*, 2004.

자동차나 가전제품은 당시 소련에서는 희소한 물건이었다.
어떤 자원이 희소한지는 시대와 국가에 따라 각각 다르기 때문
에 그 시대에 사람들이 가장 원하는 자원이 무엇인지 파악하고
그것을 배분하는 것이 중요하다.

　　오늘날 희소 자원이라고 하면 업무를 진행할 때의 권한일 수
도 있고, 사무 공간일 수도 있으며, 업무를 진행하기 위해 필요
한 인력, 할당되는 부하의 수일 수도 있다. 중요한 것은 '권력자
에게 보호를 받고 있다'라는 생각을 갖게 하는 것이다.

사장의 비책 2.
마음을 얻는 데 돈을 아끼지 말라

기업에서 최고 경영자의 권력 기반이 약해지고 있는 추세에는 비용 절감도 한몫하고 있을지 모른다.

미국 사모펀드 KKR(콜버그크래비스로버츠)이 거액의 LBO(차입매수)를 통해 RJR나비스코를 인수했을 당시, RJR나비스코의 CEO였던 F. 로스 존슨(Frederick Ross Johnson)은 회사의 돈을 미친 듯이 낭비하는 CEO로 유명해졌다. 업무용 비행기를 열여섯 대나 보유하고 수많은 조종사를 고용해서 '존슨 공군'이라는 별명이 붙는 등 상식을 벗어난 낭비벽으로 화제가 되었다.

그러나 사실 그는 단순히 낭비벽이 심한 사람이 아니었다. 그가 그 자리에 오를 수 있었던 비결 중 하나는 회사의 돈을 자신의 권력 기반을 강화하는 데 효과적으로 사용했기 때문이었다.

캐나다인인 존슨은 대학 졸업 후 중견 기업을 전전하면서 20년을 보내다가 40세에 스탠더드브랜즈라는 식품 회사의 캐나다 법인 사장으로 영입되면서 승승장구하기 시작했다. 스탠더드브랜즈 캐나다 법인에서는 임원 스물세 명 중 스물한 명을 해고한 뒤 그 자리에 활기 넘치는 젊은 사원들을 배치해 재건에 성공했고, 얼마 후 뉴욕 본사의 국제사업부 사장으로 승진했다. 그리고 몇 년 후 CEO로 취임했는데, CEO로서 그는 회사의 경비, 교제비를 마음껏 쓰면서 이사회 멤버와 측근 부하 들을 길들이는 방식으로 회사를 경영했다.

그의 행보는 여기서 끝나지 않았다. 5년 후 존슨은 스탠더드브랜즈를 나비스코에 매각하고, 합병을 통해 탄생한 새 회사인 나비스코브랜즈의 CEO가 되었다. 그리고 이후 담배 회사인 RJR을 인수함으로써 마침내 거대 기업 RJR나비스코의 CEO로 취임했다.

그는 그 권력 기반을 다지기 위해 담배 사업을 통해 거둬들인 엄청난 수익을 이용했다. 그는 가령 한 이사가 CEO를 맡고 있는 회사에 RJR나비스코의 일감을 밀어주고, 또 어떤 이사를 RJR나비스코가 운영하는 위원회의 의장으로 추대해 거액의 고문료를 주는 방식으로 이사회를 길들였다.[13]

---

13 Bryan Burrough & John Helyar, *Barbarians at the Gate: The Fall of RJR Nabisco*, 2009.

존슨은 단순히 낭비벽이 심한 사람이 아니라 더 높이 올라가기 위한 방법으로 회사의 돈으로 이사회와 부하에게 접대 공세를 펼쳤던 것이다. 수많은 비행기를 보유해 욕을 먹었지만, 그 역시 개인적으로 취미를 즐기거나 사치를 좋아해서라기보다 접대에 이용하기 위해 샀던 것으로 보인다.

　이처럼 접대는 권력 기반을 구축할 때 중요한 수단인 까닭에 절약 운동의 일환으로 접대에 제약을 받게 된 사장은 참으로 곤란한 상황에 놓이게 된다. 창업자나 그 일가인 사장에 비해 월급쟁이 사장이 크게 불리한 점은 자기편으로 끌어들이고 싶은 사람에게 접대 공세를 펼 수 없다는 것이 아닐까?

사장의 비책 3.
악역은 다른 사람에게 맡기라

스탈린은 20세기 최악의 독재자로 알려져 있지만, 그 어떤 숙청도 자신이 직접 했다고 인정하지 않았다. 모든 것은 회의를 통해 결정했으며, 자신은 그 결정에 따랐을 뿐이라는 것이 공식적인 입장이었다. 공공연하게 권력을 행사해 냉혹한 사람이라는 평판을 얻게 되면 일반 대중의 광범위한 지지는 얻을 수 없게 된다는 것을 잘 알고 있었던 것이다. 그래서 방패막이를 활용한 것인데, 권력자라면 이렇듯 방패막이, 혹은 악역을 대신 떠맡을 사람을 활용할 필요가 있다.

스탈린은 숙청 대상 목록을 보면서 일부 이름 옆에 지시사항을 적을 때가 있었다.

1937년 12월에는 한 이름 옆에 "두들겨 패"라고 적었다. 또 다른 이름 옆에는 "슬슬 이 신사를 다그쳐서 더러운 일을 했다는 사실을 털어놓게 할 때가 되지 않았나?"라고 적었다. "이 사내는 어디에 수용돼 있지? 감옥? 아니면 호텔?"이라고 적기도 했다.

1937년, 소련 정치국은 고문을 정식으로 승인했다. 이에 관해서 스탈린은 훗날 이렇게 말했다.

"NKVD(소련의 비밀경찰)가 신문을 할 때 물리적 압박을 활용하는 것은 … 중앙위원회가 허가한 것이며, 정당하고 적절한 방법이었다."[14]

스탈린이 학살 등에 관여한 것은 외부에 극비로 부쳐졌기 때문에 소련 국민은 스탈린을 이해심 많은 아버지 같은 존재로 신격화했다. 외국에도 이러한 진실이 알려지지 않았기 때문에 제2차 세계대전 이후 스탈린을 만났던 트루먼 대통령 등은 "스탈린은 마음을 털어놓고 이야기할 수 있는 상대"라고 평하기도 했다. 스탈린에게 완전히 속아 넘어간 것이다.

이처럼 강력한 인사권을 행사하더라도 직원들에게 두려움을 줄 필요는 없다. 핵심 지지자에게 두려움을 주는 것만으로도 충분하며, 그것을 외부에 과시할 필요는 없는 것이다.

---

14 Simon Sebag Montefiore, *Stalin: The Court of the Red Tsar*, 2004.

광범위한 지지자를 확보해 동원력을 높이려면, 냉혹한 수단을 어디까지나 본인이 아니라 특정 기관이나 단체가 결정한 것으로 포장하고 자신은 그 뒤에 숨을 필요가 있다.

사장의 비책 4.
한 세력으로 다른 세력을 감시하라

언제든 권력자에게 반기를 들 수 있는 제1층인 핵심 지지층을 불안정한 상태로 두어야 한다. 안 그러면 권력 기반이 위태로워 진다. 그렇다고 핵심 지지층을 불안정하게 만들기 위해 스탈린 처럼 학살을 하거나 시베리아로 유배를 보낼 필요는 없다.

역사적으로 유명한 독재자 중에는 자신의 권력에 대한 잠재적인 리스크에 병적으로 민감하게 반응한 사람이 많았다. 겉으로는 당당해도 실제로는 시기심과 의심이 많고, 일단 의심하기 시작하면 밤잠을 이루지 못할 정도로 두려움에 떨었다. 다만 그러지 않으면 부주의하게 실수를 저질러 나락으로 떨어질 수도 있기 때문에 어쩌면 이런 경계심은 당연히 필요했을지도 모른다. 그 대표적인 방법이 언제라도 핵심 지지자를 대체할 존재를 준비해놓는 것이다.

스탈린이 숙청이라는 방법으로 핵심 지지자를 불안정하게 했다면, 히틀러는 비슷한 여러 조직을 난립시킴으로써 의사 결정 과정을 혼란에 빠뜨리고, 특정 조직이 권력에 집중하지 못하도록 하는 전략을 썼다.

독일 나치스의 준(準)군사 조직으로, 에른스트 룀(Ernst Röhm)이 이끌던 SA(돌격대)는 나치스가 갓 탄생했을 때부터 당의 최대 지지 세력이었다. 당시의 독일은 공산당이 무장을 하고 있었기 때문에 거리에서 끊임없이 충돌이 벌어졌는데, SA는 나치스의 무장 세력으로서 당과 함께 성장했다.

그런데 히틀러가 권력을 잡고 난 후 국가의 체제를 대표하는 육군이 SA와의 공존을 거부했기 때문에 히틀러는 육군과 SA 둘 중 하나를 선택해야 하는 상황에 놓이게 됐다. 물론 근본도 없는 무뢰배 집단인 SA를 택하면 육군 전체를 적으로 돌리게 되며, 이렇게 해서는 권력을 잡을 수 없다는 것을 잘 알았던 히틀러는 그동안 SA의 경쟁상대로 육성해온 나치 무장친위대 SS를 이용했다. SS를 통해 SA가 히틀러에 대한 반란을 획책하고 있다는 헛소문을 퍼뜨리게 한 다음 수많은 SA 간부를 단번에 숙청했던 것이다.[15]

---

15 John Toland, *Adolf Hitler: The Definitive Biography*, 1992.

부하들에게 '조직 내의 조직'을 허용해 버리면 아무리 입으로는 충성을 맹세해도 결국 최고 권력자에 대한 대항 세력이 될 가능성이 크다. 이를 허용하지 않으려면 비슷한 역할을 하는 잠재적 대항 조직을 미리 만들어놓고 언제라도 둘 중 한쪽을 선택할 수 있게 하는 방법을 쓸 수 있다. 한쪽을 실각시키더라도 이미 그들을 대신할 존재가 있으므로 빠르게 결단을 내릴 수 있다.

SA를 제거한다는 히틀러의 결단은 일순간에 이루어졌다.

히틀러는 파울 폰 힌덴부르크(Paul von Hindenburg) 대통령의 호출을 받았다. 힌덴부르크 대통령은 대화의 대부분을 참모총장인 베르너 폰 블롬베르크(Werner von Blomberg)가 진행하게 했다. 프로이센의 군인답게 딱딱한 사람인 블롬베르크는 국내의 평화가 최우선임을 명확히 했다. 그리고 만약 히틀러에게 현재의 견디기 힘든 긴장을 풀 능력이 없다면 대통령은 계엄령을 선포해 이 임무를 군부에 맡길 생각이라고 말했다. 휠체어에 앉은 대통령은 기력을 쥐어짜가며 약간 떨리는 목소리로 블롬베르크의 말을 긍정했다. … 그날 밤이 지나기 전에 히틀러는 행동을 결심했다. 그리고 이튿날 아침, 룀의 반역을 경고한 빅토르 루체(Viktor Lutze)에게 전화를 걸어 즉시 총리 관저로 출두하도록 명령했다.[16]

---

16 John Toland, *Adolf Hitler: The Definitive Biography*, 1992.

히틀러는 이처럼 대항 세력을 서로 다투게 해서 자신이 없으면 아무것도 하지 못하는 상황을 만들어놓고, 마지막에는 다투는 세력 중 어느 한쪽의 손을 들어주는 방식을 선호했다. 이것은 전쟁 중에도 마찬가지였다. 전쟁 수행의 효율보다 자신의 권력 기반을 중시했던 것이다. 그 전형적인 예가 소련과 싸우는 동부 전선은 육군 참모 본부에, 미국·영국과 싸우는 서부 전선은 국방군 사령부에 각각 맡김으로써 자기 혼자만 두 전선의 상황을 모두 볼 수 있게 한 것이다.

그에 따라 동부 전선을 담당하는 참모 본부와 서부 전선을 담당하는 국방군 사령부의 영역 싸움이 일상화되었고, 히틀러는 그 대립을 부추김으로써 자신의 의사를 관철할 수 있었다.

전체 상황을 자기 혼자만 볼 수 있도록 만들면 부하를 설득하기도 쉬워진다. 동부 전선의 장군이 말을 듣지 않을 경우, 서부 전선에서 돌발 상황이 발생해서 그에 대응하기 위한 지시라고 말하면 자기 쪽 사정밖에 모르는 동부 전선 장군은 반론을 제기할 수 없게 된다.

히틀러는 독일 최고의 명장이라고 불리던 국방군 장군, 에리히 폰 만슈타인(Erich von Manstein)을 구슬릴 때도 이 방법을 썼다. 동부 전선에서 작전을 지휘하고 있었던 만슈타인은 서부 전선의 사정을 알지 못하는 상황이었기에 반론을 제기할 수 없었던 것이다.

사장의 비책 5.
가장 중요한 일에는 직접 움직이라

'전체주의적 독재자'라고 하면 히틀러나 스탈린이 먼저 떠오를 것이다. 그들은 수백만 병사로 이뤄진 부대를 지휘해 수많은 사람을 죽였는데, 이때 가까운 심복을 통해 그 수백만의 병사들을 간접적으로 조종했으리라 생각할 것이다. 그러나 사실 그들의 지도 스타일은 '지금이다' 싶은 중요한 순간에는 절대 다른 사람에게 맡기거나 간부나 중간 관리자를 거치지 않고, 직접 현장에 개입해 개별적·구체적으로 상세하게 명령을 내린 것이 특징이었다.

히틀러는 소련군이 베를린에 진입해 자살을 하기 전까지 독일 국민에게 큰 지지를 얻고 있었다. 희대의 범죄자지만 대연정을 구축하는 데 성공한 덕에 마지막까지 권력 기반은 굳건했다.

연합군이 노르망디에 상륙한 뒤, 독일의 패색은 점점 짙어지고 있었다. 루트비히 베크(Ludwig Beck) 대장, 에르빈 폰 비츨레벤(Erwin von Witzleben) 원수, 카를 프리드리히 괴르델러(Karl Friedrich Goerdeler) 전 라이프치히 시장 등으로 구성된 '검은 관현악단'은 전부터 반(反)히틀러 봉기를 몇 차례 계획했지만 번번이 미수에 그치고 말았다.

1944년 7월 20일, 클라우스 폰 슈타우펜베르크(Claus von Stauffenberg) 대령은 총통 본영에서 열리는 회의에 참석해 폭탄이 든 가방을 테이블 밑에 놓고 폭파함으로써 히틀러를 암살한다는 계획을 마침내 결행했다. 37세의 예비군 참모장 슈타우펜베르크 대령은 귀족 출신으로 전투에서 한쪽 팔과 한쪽 눈을 잃은 용사였다. 왼쪽 눈을 검은 안대로 가리고 팔이 없는 오른쪽 소매를 펄럭이는 대령은 독일 군인의 전형과도 같은 이미지로, 빌헬름 카이텔(Wilhelm Keitel) 원수 등 상층부로부터의 신뢰가 두터웠기에 히틀러가 참석하는 중요한 회의에 별다른 몸수색 없이 참가할 수 있었던 것이다.

그런데 슈타우펜베르크 대령이 폭발물이 든 가방을 두고 회의장을 떠난 뒤 공교롭게도 회의 참석자 중 한 사람이 발로 가방을 테이블 너머로 밀어 넣는 바람에 계획과 달리 참석자 중 몇 사람만 폭발로 사망하고 히틀러는 기적적으로 목숨을 구할 수 있었다.

총통 본영에서 베를린으로 돌아온 슈타우펜베르크 대령은 유럽

전역에 퍼져 있는 각 방면 군사령부에 히틀러가 죽었으며, 베크 대장이 국가 원수가 되었다고 전신을 보내려고 애썼다. 그와 동시에 베크 대장은 서부 방면 군사령관인 귄터 폰 클루게(Günther von Kluge) 원수에게 전화를 걸어 궐기할 것을 촉구했다.

한편 검은 관현악단 반란군은 베를린 관청을 제압하는 임무를 1개 대대의 병사 500명을 이끄는 오토 에른스트 레머(Otto Ernst Remer) 소령에게 맡겼다. 레머 소령은 주요 인물을 체포하라는 지령을 받고 있었기에, 히틀러의 측근이자 선전장관인 요제프 괴벨스(Paul Joseph Goebbels)를 체포할 생각으로 부하 스무 명을 데리고 선전청으로 돌입해 괴벨스와 마주 앉았다.

...

"귀관이 총통 각하와 직접 대화를 한다면 수긍하겠지. 어떤가?"

괴벨스는 이렇게 말하고 그 자리에서 히틀러에게 전화를 건 뒤 레머 소령에게 수화기를 넘겼다.

"자네가 레머 소령인가? … 내 목소리를 아는지 모르겠군."

"물론입니다, 총통 각하!"

소령은 수화기를 귀에 댄 채 발꿈치로 딱 소리를 내며 직립부동 자세를 취했다. 과거에 훈장을 받을 때 히틀러와 이야기를 나누며 감격했던 소령은 그 목소리를 잊지 않고 있었다.

"다행이군. 레머 소령, 내 말 잘 듣게. 그놈들은 나를 죽이려 했네. 하지만 나는 이렇게 살아 있지. 귀관의 최고 사령관으로서 말하는데,

오직 내 명령에 따라 베를린의 질서를 바로잡아주게. 어떤 수단을 쓰더라도 무방하네. 내 명령을 위반하는 자는 그가 누구든 간에 사살하게."

히틀러는 SS 총사령관 하인리히 힘러(Heinrich Himmler)를 예비 군 사령관으로 임명했고, 마침 베를린에 있던 OKW 국가사회주의 지도부장 헤르만 라이네케(Hermann Reinecke) 중장을 수도군 사 령관으로 임명했다고 알린 뒤 이렇게 말하며 전화를 끊었다.

"레머 소령, 지금 이 순간 귀관은 대령으로 승진했네."

소령은 다시 발꿈치를 부딪쳐 소리를 내며 총통의 명령을 따르겠다 고 대답했다. 그리고 그 순간, '검은 관현악단'의 쿠데타 계획은 실 질적으로 붕괴되었다고 할 수 있다.

'검은 관현악단'이 자멸한 가장 중요한 이유는 현직 고급 장교의 협 력을 구하느라 시간을 너무 많이 허비했다는 점이다. 그리고 또 한 가지 이유는 계획의 중심인물이 모여 있는 수도를 제압하는 일을 불과 1개 대대에게 맡긴 채, 예비군과 서부 방면군을 동원할 태세를 갖추는 데 집중했다는 것이다.

그 사정을 알게 된 괴벨스와 히틀러는 베를린을 통제하는 경비 대 대에 초점을 맞추고 포섭을 꾀했다.[17]

---

17 고지마 노보루, 《제2차 세계대전−히틀러의 싸움》, 제7권 〈스탈린그라드〉, 2018.

독일의 귀족 계급이 중심이 된 반란군은 현직 군 고급 장교의 지지를 얻으면 군의 명령 계통을 장악함으로써 권력을 잡을 수 있으리라고 굳게 믿었다. 그러나 히틀러는 겉으로만 충성하는 척한다는 것을 익히 알고 있었기 때문에 애초에 육군 장군들을 전혀 신뢰하지 않았다. 그리고 그에게는 권력을 탈취할 때 어느 부분을 장악해야 하는지에 대한 동물적인 감각이 있었다. 혼란 속에서도 베를린만 장악하면 반란군을 고립시킬 수 있다는 사실을 간파한 히틀러는 현장 책임자인 대대장과 직접 접촉하는 것이 중요하다고 판단했다.

사실 성공한 쿠데타 사례를 보면, 리비아의 무아마르 카다피(Muammar Gaddafi) 대령처럼 대령·소령 이하의 계급이 주도한 경우가 가장 많으며, 원수나 대장이 일으킨 쿠데타는 그리 많지 않다. 아니, 대령도 이미 지위가 너무 높다. 권력을 탈취할 때는 적은 인원의 현장 부대를 움직일 권력을 직접 쥐고 있는 편이 더 중요한 것이다. 사실 카다피도 쿠데타를 일으킨 시점에는 중위에 불과했지만 그가 경애하던 이집트의 나세르 대통령이 쿠데타를 일으켰을 당시 대령 직급을 달고 있었기 때문에 스스로 대령이라고 칭했다는 이야기가 있다.

중요한 것은 권력자가 필요에 맞춰 가장 중요한 현장에 직접 영향력을 행사할 수 있을 만큼 굳건한 지지를 일반으로부터 얻고 있는가 하는 것이다.

그러나 독일 귀족 출신이었던 슈타우펜베르크 대령은 원수와 대장 등 고급 장교를 포섭하는 데만 주목하고 현장 지휘관이 장악하고 있는 소부대의 중요성은 간과하는 실수를 저지르고 말았다.

사장의 비책 6.
시간과 장소 결정을 남에게 맡기지 말라

'권력'이라고 하면 인사권 등의 생사여탈권을 쥐고 희소한 자원을 분배하는 힘을 먼저 떠올리겠지만, 의외로 중요한 것은 장소와 시간을 결정하는 힘이다.

중국에서는 공산당이 부패 등을 저지른 간부를 적발해 재판에 회부하는 것을 '쌍규(双規)'라고 한다. 다만 부정 축재 등의 부패를 저지른 것만을 기준으로 하면, 거의 모든 공산당 간부가 그 대상이 될 수 있기 때문에 부정부패와 함께 중국 공산당의 권력에 부정적인 영향을 끼쳤을 경우에 적용한다고 한다.

'쌍규'란 '두 가지를 규정한다'라는 의미다. 구체적으로는 시간과 장소인데 규정한 시간, 규정한 장소에 출두해야 한다. 그리고 출두하면 결과가 나올 때까지 가족도 알 수 없는 장소에 감금

된다. 개요는 다음과 같다.

- 쌍규는 '규정된 시간과 규정된 장소'라는 의미로, 기율검사위원회가 정한 시간과 장소에서 독직(瀆職, 어떤 직책에 있는 사람이 그 지위나 직권을 남용해 부정한 행위를 저지르는 것) 관련 조사를 받는 것을 말한다. 기본적인 조사를 실시한 결과 범죄 혐의가 뚜렷하다는 심증이 있는 사안에 대해서만 쌍규를 실시할 것을 승인한다.
- 쌍규의 적용 대상은 중국 공산당원으로 한정된다. 한편, 쌍규 실시 기관은 현(縣)급 이상의 기율위원회로 한정된다.
- 쌍규에는 기한이 없으며, 대상자는 이 기간 동안 완전히 구속된다. 또한 다음과 같은 조사는 할 수 없도록 규정되어 있다.
- 심한 고문으로 자살, 자해에 따른 중상, 사망, 혹은 정신 이상을 유발하는 것
- 고문으로 그릇된 심판을 유발하는 것
- 고문을 3회 이상 실시하는 것[18]

여기까지만 봐도 쌍규가 왜 공포의 대상인지 알 수 있다. 심한 고문을 하지 말라고만 할 뿐 고문 자체를 금지하지 않는 까닭에 피의자는 고문으로 자백을 강요당하거나 문화대혁명 때처럼

---

18 《닛케이 비즈니스》 온라인판, 2006년 10월 6일자 '중국 키타무라 리포트'에서 발췌.

자아비판을 강요받으며, 결과가 나올 때까지 무기한 감금되는 것이다.

종종 관료들은 자신을 '사무국'이라고 표현하면서 회의 시간과 장소를 정하는 권한을 최대한 활용한다. 회의 시간의 길고 짧음을 정한다거나, 참석자에 누구를 넣고 누구를 넣지 않을 것인가를 정하는데, 이들이 쥐고 있는 이러한 권한에 의해 논의 안건의 운명이 좌우되는 일은 매우 흔하다. 사무국은 자신들은 후방지원을 담당한다며 겸양을 떨지만, 자신의 뜻대로 시간과 장소를 결정할 수 있는 힘이 진정한 권력이라는 사실을 잊어서는 안된다.

지금까지의 자료로 미루어보건대, 스탈린은 레온 트로츠키(Leon Trotskii) 같은 화려한 말솜씨는 없었으며 수수하고 관료적인 인물이었다. 이데올로기라는 무대의 전면에 나서서 활약하는 대신 당의 일상적인 실무 권한을 자신에게 집중시킴으로써 실권을 장악해 다른 기라성 같은 경쟁 상대들을 차례차례 물리치고 레닌(Vladimir Il'ich Lenin)의 후계자가 된 것이다.

여기서 가장 기억해야 할 것을 다른 사람들에게 완전히 맡기지 말고 때로는 일에 직접 개입함으로써 시간과 장소를 최종적으로 결정할 권한이 누구에게 있는지를 끊임없이 보여줘야 한다는 것이다.

사장의 비책 7.
자신의 패를 쉽게 노출하지 말라

권력자를 지지하는 세력이 현재의 권력자가 미래에도 자신들에게 어떤 형태로든 이익을 가져다주리라는 데 의문을 품기 시작하면 그 권력자의 우위성은 단숨에 사라지며, 권력자의 자리를 호시탐탐 노리는 경쟁 상대는 그 기회를 놓치지 않을 것이다. 여기서 중요한 것은 '미래에도'다. 만약 그에 대한 믿음을 주지 못하면 권력 기반은 순식간에 붕괴하고 만다.

1963년, 아메드 벤 벨라(Ahmed Ben Bella)는 선거를 통해 알제리의 초대 대통령이 되었다. 유명한 축구 선수 출신이자 제2차 세계대전에서 드골 훈장까지 받았고, 알제리 독립운동의 중심인물이기도 했던 터라 그의 인기는 매우 높았다.

그러나 그는 매우 단순하면서도 큰 실책을 저지르고 말았다.

1965년 6월 12일, 그는 일주일 후 정치국 회의를 개최할 예정이며, 그 회의의 목적은 다음의 세 가지라고 발표한 뒤 오랑으로 떠났다.

1. 내각 개편
2. 군 지도부 교체
3. 군 내부의 반대 세력 척결

이 말은 그의 핵심 지지자 그룹에는 곧 자신들 중 누군가는 현재의 자리에서 쫓겨나게 될 거라는 것을 의미했다. 벤 벨라는 구체적으로 누구를 배제할지까지는 말하지 않았다. 그런데 오히려 그 때문에 그의 핵심 지지자들은 저마다 자신이 배제 대상이 될 수 있다고 여겼을 것이다. 일이 이렇게 되자 벤 벨라를 대통령 자리에서 끌어내리는 것은 이제 핵심 지지자 모두에게 공동의 이익으로 인식되었다.

우아리 부메디엔(Houari Boumedien) 대령은 이 기회를 놓치지 않고 벤 벨라가 자리를 비운 일주일 동안 모종의 계획을 짰다.

정치국 회의가 열리기로 한 날 아침, 잠에서 깨어난 벤 벨라는 친구들 중 한 사람이 자신에게 총구를 겨누고 있는 모습을 봐야 했다.[19]

---

19 Bruce Bueno de Mesquita & Alastair Smith, *The Dictator's Handbook: Why Bad Behavior is Almost Always Good Politics*, 2011.

냉전이 한창이던 당시, '소련의 부하'라고 불렸던 벤 벨라가 그렇게 실각한 뒤, 소련 언론의 한 특파원은 서방의 관계자에게 안타깝다는 듯이 이렇게 말했다고 한다.

"그는 우리의 전차만 이용할 것이 아니라 고문(顧問)도 이용했어야 했는데⋯."[20]

자신의 패를 불필요하게 많이 보여주는 것은 권력자가 하지 말아야 할 일 중에서도 가장 중요한 금기 사항이다. 중요한 국면에서는 믿을 수 있는 고문과 사전에 의논을 해야 하지만, 무엇보다 중요한 것은 어디까지나 '침묵은 금'이라는 사실을 잊지 말아야 한다.

---

20 John Kenneth Galbraith, *The Age of Uncertainty*, 1977.

The Power
for the Boss

5장

사장이 권력학을 배워야 하는 이유

"
정치와 도덕은
상관이 없다.
"

마키아벨리

사장의 권력 활용에 따라
회사의 운명이 바뀐다

"세상에 좋은 회사, 나쁜 회사는 없다. 좋은 사장과 나쁜 사장이 있을 뿐"이라는 말이 있는데, 백번 맞는 말이다. '살아남기 위해 조직을 혁신할 수 있는가'는 궁극적으로 사장 개인에게 달려 있다. 그리고 사장의 능력이나 가능성을 100퍼센트 살리려면 그가 가진 권력을 능숙하게 사용할 수 있어야 한다. 그렇다면 어떻게 해야 사장의 뜻대로 조직을 움직일 수 있을까?

그러기 위해서는 우선 권력의 속성을 바로 알고, 권력과 관련된 경험을 쌓을 필요가 있다.

실적이 부진하고 노동조합이나 목소리 큰 오래된 직원 등의 사내 관계자가 많은 회사에서는 권력 기반이 없는 단순히 '좋은 사람'이 사장으로 추대되는 경우가 많다. 그 이유는, 그런 사장은 기득권을 침해하거나 기존의 임원을 숙청하거나 회사라는 폐쇄적인 사회에 사는 직원의 평안한 일상을 휘젓지 않기 때문이다. 어떤 세력과도 반목하지 않고, 인간성이 원만하기에 회사를 긍정적으로 변화시키지는 못하더라도 더 나빠지게 하지는 않을 거라고 여기는 것이다.

그러나 침체가 장기간 이어져온 이런 회사 중에는 사실 통솔력 있는 리더가 아니면 재생시키기 어려운 회사가 많다. 이런 회사는 외부에서 리더를 추대해야 하는데, 그 이유는 경영자로서의 전문 지식, 업계에 대한 정보, 전략 구상력 등을 갖춘 사장이 필요하기 때문이 아니다. 위와 같은 행태의 경영을 오랫동안 계속해온 회사에서는 저항 세력을 상대로 자신의 의사를 관철할 수 있는 독재력 있는 사장이 성장하지 못하기 때문이다.

기업은 끊임없이 자기 혁신을 지속하지 않으면 경쟁 상대에게 지고 만다. 단기적으로는 강점을 살린다는 명분 아래 폐쇄적인 세계에서 편하게 지낼 수 있지만, 장기적으로는 도태될 수밖에 없기 때문에 이런 회사의 직원들은 결국 구조 조정이나 도산으로 일자리를 잃게 된다. 살아남으려면 이기는 전략을 실행할 수 있는 독재력 있는 리더를 어떻게든 최고 경영자의 자리에 올릴 필요가 있는 것이다.

미국의 경우 최고 경영자의 권력이 얼마나 중요한지 잘 알고 있는 까닭에 최고 경영자의 독재적 권한을 강화하는 '미국형 자본주의 시스템'이 완성되었다. 미국형 자본주의 시스템의 강점은 개인의 능력이나 잠재적 가능성을 매우 낙관적으로, 거의 최대치로 평가한다는 것이다. 이처럼 미국에서는 예전부터 독재력을 지나치게 중시했던 까닭에 이에 대한 반성 차원에서 권력 감시 체제를 강화했던 것이다. 그런데 현대에 들어 미국형 자본주의 시스템을 도입한 다른 나라들은 독재력을 강화하는 단계를 거치지 않은 상황에서 바로 권력 제한, 권력 감시라는 최근의 이론만 도입했다.

디즈니의 CEO였던 마이클 아이스너(Michael Eisner)는 자신의 친구들로 이사진을 구성함으로써 독재적인 권력 기반을 구축한 바 있다. 개인 변호사, 자신과 친분이 있는 건축가, 자녀가 다니는 학교의 교장, 아들이 다니는 대학의 학장 등으로 디즈니의 이사회를 구축했고, 그 결과 아무도 그의 의사 결정에 이의를 제기하지 않게 되었다. 이런 도를 넘은 사례, 지나치게 권력이 강화된 경우가 너무 많아지자 이사회에 관한 규정을 상세하게 정하기로 한 것이다.

미국에서는 권력 기반이 지나치게 강하기 때문에 도입한 규정을 애초에 권력자의 권력 기반이 지나치게 약한 조직이 앞뒤 따지지 않고 도입하면 조직의 활력은 더더욱 저하되게 된다.

권력을 가진 사장은 임기가 정해져 있는 독재자

●

조직이 변화에 대응해 살아남으려면 대담한 의사 결정을 할 필요가 있다. 그래서 독재력이 필요한 것인데, 독재가 고정화되면 물론 폐해도 발생한다. 독재적 권력을 유지하는 것 자체가 목적이 되면 조직은 오히려 침체된다.

자이르(지금의 콩고민주공화국)의 모부투 세세 세코(Mobutu Sese Seko) 대통령은 1997년 축출당하기 전까지 폭력적이고 억압적이며 부패한 전제 정치로 32년이라는 긴 세월 동안 권좌를 지켜왔다. 국가의 부는 모부투의 해외 계좌로 흘러 들어갔다.

미국의 다국적 보험회사인 AIG의 CEO였던 행크 그린버그(Hank Greenberg)는 모부투에 버금가는 독재자로, 무려 40년이나 CEO의 지위를 지켰다. 2008년 리먼브라더스 사태로 파산 위기에 몰리자 미국 정부는 수십억 달러에 이르는 자금을 AIG에 투입했다. 그런데 AIG는 사실 그전에도 회계 규정을 어겨 미국 증권거래위원회(SEC)가 1억 2,600만 달러(약 1,500억 원)의 벌금을 부과하는 등 여러 문제를 일으킨 바 있었고, 이를 방치하고 있었던 정부의 감독 책임 문제가 도마 위에 오르기도 했다.

이처럼 국가의 권력이 아무에게나 집중되면 심각한 문제가 야기될 수 있다. 아무리 비효율적이라 해도 민주주의가 최선이다. 처칠이 말했듯이 "민주주의는 최악의 정치 제도지만, 지금까지 존재했던 어떤 정치 제도보다 나은 제도"다.

그러나 국가가 아닌 기업의 경우는 독재가 허용되며, 폐해보다 이점이 더 많기 때문에 오히려 독재 체제가 바람직하다. 기업을 민주주의 방식으로 운영하는 게 좋다고 말하는 사람은 없다. 지금까지 몇 번을 말했듯이 기업의 권력을 최소한의 사람들에게 집중시키지 않으면 이길 수 있는 의사 결정을 적절한 시점에 할 수 없기 때문이다.

스티브 잡스는 자기 머릿속에 그린 이미지를 현실 세계에 투사했던 사람이다. 그러나 그도 독재적인 권력을 행사함으로써 비로소 자신이 바라는 제품을 세상에 내놓을 수 있었다. 그가 원했던 제품은 그의 독특하고 깊은 신념을 반영한 것이어서 최근에야 비로소 세상 사람들의 이해를 얻게 되었다고 할 수 있다.

스티브 잡스는 '인간이 진정으로 바라는 것은 완전한 자유가 아니라 훌륭한 군주의 독재'라고 믿었던 플라톤과 비슷한 사고를 하는 사람이었다고 한다. 1980년대 중반 애플에서 쫓겨났다가 1997년 다시 복귀해 CEO로 공식 취임한 뒤 약 10년 동안 그가 세상에 내놓은 아이팟, 아이폰, 아이패드는 전 세계의 소비자들을 열광케 했다. 이렇듯 지금은 많은 사람들이 그의 의도에 공감하지만, 당시만 해도 잡스의 의도에 공감하는 사람은 적었다. 그의 의도는 열린 비전과는 다른 폐쇄적인 것이었기 때문이다. 다만 폐쇄적이라고는 해도 완전히 닫힌 플랫폼으로 만들어 외부 개발자를 배제하면 장기적으로 성공할 수 없다는 과거의 교훈을 바탕으로 압도적인 다수의 사용자가 충분하다고 느끼는 정도의 개방성을 확보한 것이 절묘했다.

아이폰 앱스토어는 그 결정권을 애플이 쥐고 있기 때문에 아무리 외부 개발자가 앱을 개발해도 애플이 허가하지 않으면 소비자에게 전달할 수 없다. 그런 의미에서는 분명 폐쇄적이라고 볼 수 있지만, 대다수의 소비자들은 이를 애플이 미리 '엄선'해주기에 믿을 수 있다고 여긴다. 요컨대 초보자는 물론 누구나 동영상을 올릴 수 있는 유튜브는 콘텐츠의 질이 일정치 않은데 반해, 애플은 일정 수준 이상을 유지하는 것이다. 물론 초보자가 만든 동영상을 볼 수 있다는 것이 유튜브의 매력이기도 하지만, 잡스는 "미국인의 취향은 할리우드 영화와 텔레비전 방송이다. 초보자의 작품은 필요 없다"라고 했다.

즉, 잡스가 원래 의도한 것은 인터넷 세상의 장점인 분권이나 누구나 콘텐츠를 직접 만들 수 있게 하는 것이 아니라 엄선된 콘텐츠를 쉽게 즐길 수 있게 해주는, '일방통행'에 최적화된 단말기였던 것이다. 잡스가 구상한 것은 엘리트가 엄선한 콘텐츠를 소비하기 위한 '정보 가전제품'이었던 것이다.

그러나 그 구상은 당시 인터넷 세상의 일반적인 상식과는 거리가 멀었기 때문에 사람들을 합리적으로 설득하려 한들 아무도 이해해 주지 않았을 것이다. 그래서 잡스는 그 구상을 현실화하기 위해 독재력을 발휘했다.

자본주의 사회에서의 독재는 말하자면 기간이 정해져 있는 독재라고 할 수 있다. 이미 '규모의 경제'는 20세기 산업의 특징을 대표하는 발상으로 여겨지고 있으며, 거대 기업이라고 해서 독점적인 지위를 언제까지고 보장받는 시대도 아니다. 아무리 독점적인 지위를 구축하더라도 그것은 일시적일 뿐이며, 그 사이에 업계 안팎에서 새로운 비즈니스 모델이 출현하면서 빠른 속도로 변화가 진행되기 때문이다. 가치사슬이 수평적으로 분업화되고 점점 합리화를 추구하는 현대에는 반드시 대기업으로 성장해야 할 이유도 없다. 규모가 작더라도 승부를 볼 수 있는 곳이라면, 그곳에서 독점적인 지위를 구축할 수 있다.

독재의 폐해를 논하며 아무것도 하지 않으면 도태된다. 독재의 이점을 살려 환경 변화에 대응하지 않으면 경쟁이 점점 더 치열해져 가는 요즘 같은 환경에서 살아남을 수 없다는 것을 인식하고, 독재력을 적극적으로 활용해야 한다.

권력 부재 기업의 특징

●

이번에는 3장에서 말한 권력 부재 상태의 기업에 대해 좀 더 자세하게 살펴보자. 권력이 부재 상태임에도 현장은 의욕이 높고 자율적으로 움직이는, 원심력이 강하게 작용하는 조직 말이다.

미국과 일본의 무역 마찰이 한창이던 1980년대에 미국의 대 (對)일본 정책 담당자는 교섭을 누구와 해야 할지, 경제 권력의 주체가 어디인지 알 수 없어 골머리를 앓았다. '미국이 교섭해야 할 상대는 일본의 경제부처인가? 정치가인가? 기업인가?' 그 결론은 일본의 규제는 단순히 업계에 업혀가고 있을 뿐이라는 것이었다. 다시 말해 주체적으로 정책을 결정하는 권력은 어디에도 없고, 각 업계의 카르텔 성격의 연합체가 합의한 내용을 관청이 지원하는 구도였던 것이다.

사실 이런 카르텔 성격의 연합체가 꼭 가격 담합 같은 위법적인 일만 하는 것은 아니다. 높은 관세 장벽이나 업계 관행 등 참가하는 기업에 공공재가 될 수 있는 것은 가격 외에도 많으며, 그런 것들을 합의를 통해 조정하는 데 힘을 쏟기도 한다. 도로공사 업체들의 담합이나 가격 카르텔은 분명 범죄에 속한다. 그러나 그다지 문제가 되지 않는 카르텔적 행위들도 있다.

일본에서는 한때 휘발유 등 석유 제품의 소비량이 감소해 기업마다 정제 설비가 크게 남아도는 사태까지 갔지만 위기를 무사히 극복할 수 있었다. 이는 업계의 여러 회사가 협조해서 일괄적으로 설비를 폐기한 덕분이었다. 설비를 다 함께 폐기하는 것으로 공급 과잉 문제를 해결하는 것은 불법행위가 아니며, 당시에는 관청이 앞장서서 이런 합의를 이끌어냈다.

국가 권력이 앞장서서 이런 합의를 이끌어냈다는 것은 국가가 업계의 카르텔 행위에 대한 허가장을 발부한 것이나 마찬가지였다고 볼 수 있다. 그런데 왜 국가가 나서서 이렇게까지 한 것일까? 그 이유는 업계로부터 외면당하면 감독 당국으로서의 업무에 지장을 초래할 수도 있기 때문이다. 딱히 부패해서 그런 것이 아니라 자신들의 업무를 원활하게 수행하기 위해 업계와 좋은 관계를 맺고자 한 지극히 공무원다운 발상이었던 것이다.

이런 사례는 의외로 많다. "어째서?"라는 말이 나오는 이해가 안 되는 규제의 대부분은 공무원이 주도한 것이 아니라 규제를 당하는 쪽의 주도로 만들어진 것이다. 요컨대 공무원이 장기적인 전략을 그리고 그 전략에 따라 규제를 하는, 다시 말해 정부가 직접 정책을 만들고 그것을 업계에 밀어붙이는 것과는 정반대의 구조다.

중심 권력이 부재하는 회사는 성공할 수 없다

●

그러나 카르텔 경제에서는 승자가 자기 증식을 하는 데 제동이 걸리고, 권력은 계속 분산될 수밖에 없다. 이런 상태에서는 대담한 의사 결정도, 빠른 의사 결정도 할 수가 없다. 애초에 누구에게도 권력이 집중되지 않는 대등한 자들 사이의 합의에 불과하기 때문이다.

카르텔 경제의 반대는 자연선택적 자본주의다. 승자는 기업 인수 등을 통해 점점 기업 규모를 키우고 강한 권력을 갖게 된다. 기업이 성장하고 다음 비즈니스에 투자할 여력도 생기므로 세계 무대에서도 독보적인 기업이 되어 간다. 즉 승자는 계속 성장하고 더욱 승승장구하게 된다.

현대는 카르텔형 기업에는 불리하고 자연선택형 기업에는 유리한 시대다. 자연선택형 자본주의에서는 권력의 중심에 있는 인물이 적절한 시점에 의사 결정을 할 수 있는 기업만이 살아남는다. 따라서 '올바른 독재자'를 보유한 기업이 승리하게 된다.

권력 부재 상태에 있는 카르텔 경제의 경우는 다들 시스템에만 의지할 뿐 제대로 된 의사 결정을 하지 못하기 때문에 전체가 서서히 지반 침하를 겪게 된다. 수많은 기업이 관여하기 때문에 의사 결정을 하는 데도 시간이 걸린다.

원래 히타치제작소와 NEC(일본전기)의 디램(DRAM) 사업을 합병한 기업이었던 엘피다메모리는 2012년 회사정리법을 적용해 미국 마이크론에 흡수되었다. 엘피다메모리는 설립 당시에는 모든 부서가 양쪽 회사의 인물로 반반씩 구성되었고, 과장이나 부장은 물론 사장에 이르기까지 모든 직위가 골고루 배분되었다. 예를 들어, 과장이 히타치제작소 출신이면 부장은 NEC 출신, 부장이 NEC 출신이면 그 위의 임원은 히타치제작소 출신으로 완전히 균등하게 배분했던 것이다.

당연한 말이지만, 직위가 균등 분배된 것과 '조직으로서 전략적으로 올바른 의사 결정을 할 수 있는가?'는 아무런 관계가 없다. 오히려 편안하게 일할 수 있는 환경, 내부 정합성을 유지하는 데 지나치게 노력을 기울이는 것이 가장 핵심적인 의사 결정을 하는 데 방해가 되지는 않았을까 싶기도 하다.

두 회사가 다정하게 서로에게 말 한마디씩을 주고받은 결과, 엘피다메모리는 대체 누가 권력을 잡고 있는지 알 수 없는 중심 권력 부재의 회사가 되었다. 엘피다메모리에 근무하며 이런 상황을 직접 경험했던 엘피다의 전 엔지니어는 엘피다의 사례에서 다음과 같은 교훈을 끌어냈다.

"단기간의 기술 융합, 그리고 두 회사의 기술 중 '좋은 부분만 취하기'는 불가능하다고 생각한다. 두 회사 중 한쪽을 표준으로 정하고, 보완할 것이 있으면 보완해야 한다. 경우에 따라서는 두 회사를 대등하게 합병하는 것이 아니라 흡수 합병 하는 것이 기술적인 혼란이나 마찰은 적을지도 모른다."[21]

---

21 유노가미 다카시, 《일본 반도체 패전》, 2009.

아무리 현장에 기술력이 있더라도 강한 권력이 어디에도 없어서 효율적인 전략에 관해 결정할 수 없다면 그 회사는 망한다는 의미일 것이다.

똑똑한 사장은 권력의 기반을
조직의 외부에 둔다

조직의 내부에서 서로 다른 의견들이 부딪혀 제대로 된 의사 결정을 할 수 없는 상황에서는 강력한 권력만이 그 해결책이 될 수 있다.

어떻게 하면 권력 기반을 강고히 할 수 있을까?

조직 내부에 얽혀 있는 이해관계를 초월해 외부에서 정통성을 찾는 것이 논리적으로는 올바른 답일 것이다. 자신의 권력 기반을 사내, 즉 각 사업부의 담당자들(영지를 가진 영주들)을 중심으로 다지면 분명 자신을 지원하는 사업부를 끊임없이 배려해야 한다. 겉으로는 사장의 권력이 강한 것처럼 보이지만 사실은 그렇지 않은 것이다.

M&A를 실시하거나 선택과 집중 등의 전략으로 과감한 개혁

을 하려고 할 때 아무래도 그 영향이 모두에게 똑같이 가지는 않는데, 이때 손해를 보는 사람이 가장 큰 저항 세력이 된다. 자기 자신, 또는 자기가 맡고 있는 사업부의 이익에 어떤 영향이 미치는가가 그들의 가장 큰 관심사이므로 당연한 일이다. 이사회는 사장을 선임할 권한이 있기 때문에 지지 기반 중 가장 중심이 되는 지지층에 해당하며, 그들의 지지를 잃으면 사장은 권력 기반이 붕괴되며 해임당하고 만다. 그런 까닭에 회사 내부에서 승진한 사람만으로 구성된 이사회에서는 기존 멤버의 권익에 칼을 대는 개혁을 실시하기가 어려워진다.

반대로 사외 이사가 50퍼센트 이상을 차지하는 경우는 어떨까? 사외 이사는 과감한 M&A도 회사 전체의 실적만 오를 것 같으면 그 후 어떤 사업부가 사라지든 개인적으로는 타격이 그리 크지 않으므로 아무런 불평도 하지 않는다. 100퍼센트 사외 이사로만 구성된 이사회라면 회사 전체의 실적이 상승하기만 하면 그 이사회는 전적으로 M&A를 지지할 것이다. 개별 사업부에 감정 이입을 하지 않는 그들에게는 특출하게 한 사업부가 성장하고 반대로 다른 사업부가 사라지더라도 상관없는 것이다.

이렇게 생각하면 사외 이사는 잘만 관리하면 사내에서 독재적인 권력을 행사하고 싶은 경영자에게 최고의 후원자가 돼 줄 수도 있다는 것을 알 수 있다. 권력의 원천을 회사 밖에 두게 되면 사내에서 강력한 권력을 행사하기가 더 용이해지는 것이다.

사외 이사에 대한 몇 가지 오해

●

그러나 사람들이 사외 이사에 대해 오해하는 것이 몇 가지 있다.

가장 큰 오해는 사외 이사의 요건을 '개개인의 자질이나 윤리관'이라고 보는 것이다. 이런 기준으로는 '유능하고 성실한 사람은 사내에도 얼마든지 있으니 굳이 사외에서까지 데려올 필요는 없다'라는 결론에 도달하게 된다.

그러나 사외 이사의 요건은 '회사 내부의 사람이 아닌 사람'이면 충분하다. 회사 내부의 사람이 아닌 인물을 선임함으로써 권력의 원천을 사외에 두는 것이 가장 큰 목적인 것이다.

또 다른 오해는 사외 이사의 가장 큰 역할은 '불미스러운 일 방지 등의 감독 기능'이라고 규정하는 것이다. 감독 기능에 초점을 맞춘다면 감사(監査)에게 맡기면 될 일이다. 또 회사 내부에도 윤리적인 사람은 있을 것이다. 그러나 다시 말하지만 사외 이사의 가장 큰 역할은 회사의 외부에서 사장의 권력의 원천이 되는 것이다. 그러려면 사장을 선임 또는 해임할 수 있는 권한을 가진 이사여야 하기 때문에 감사는 의미가 없다.

한 번 더 정리하자면, 사내에서의 권력 행사를 용이하게 만들기 위해서는 사외에 리더의 권력 기반을 확보해야 하며, 반드시 '사외', '이사'라는 조건이 충족되어야 한다.

과감한 개혁을 단행하면 아무래도 피해를 보는 사원이 생길 수밖에 없기 때문에 사내에 권력 기반을 둔 사장보다는 사외에 권력 기반을 둔 사장이 더 강력한 지도력을 발휘할 수 있다. 사내의 권력 기반에만 의존하면 과감한 개혁을 실시하기 전에 이미 걸림돌에 부딪히게 된다. 사내에서의 합의가 먼저 이뤄져야 하는 것이다. 이 경우는 의사 결정의 속도가 느려지는 것은 물론, 합의를 이끌어내지 못하면 독단적인 사장으로 간주되어 해임당할 위기에 처할 수도 있다.

따라서 사외 이사는 잘만 활용하면 사장이 강력한 권력을 구축할 수 있는 매우 좋은 제도다. 그런데 많은 기업에서 권력 강화를 위해 사외 이사를 활용한다는 발상 자체를 못 하고 있다. 그것은 사외 이사 제도를 도입하는 과정에서 기존의 독재적인 요소는 축소되고 경영진의 권력 감시 도구라는 부분만이 강조되었기 때문인 것으로 보인다. '준법 경영'이나 '기업의 사회적 책임'과 마찬가지로 '아, 또 외국에서 귀찮고 돈만 많이 드는 시스템을 들여왔구나' 정도로 생각했을 가능성이 있다.

동원력이 그 어느 때보다
중요해진 이유

과거에는 '종신 고용', '남성 중심'의 기업 문화가 사회 전반에 만연해 있었다. 이런 문화는 신입사원일 때부터 그 회사의 사풍, 업무 진행 방식 등과 함께 자연스럽게 몸에 배기 때문에 외부 사람에게 이해시키듯 일일이 설명해줄 필요가 없었다. "이게 우리의 방식이야"라고 말하면 충분했다.

폐쇄적 사회에서 글로벌한 사회로

●

그러나 지금은 경력직 채용 사례가 많아지고, 여성의 고위직 진출이 늘고 있으며, 외국인 사장이 취임하는 회사도 많은 시대다.

그 과정에서 예전에는 굳이 말로 설명하지 않아도 형성되었던 일체감과 고전적인 공동체 개념도 점점 붕괴되었다. 다시 말해, 지극히 자연스럽게 형성되고 유지됐던 공동체에서 인위적·의식적으로 신경 써야 할 게 많은 조직으로 탈바꿈하게 된 것이다.

자연적으로 형성된 공동체라면 '나는 왜 여기에 있는가?'라는 의문이 애초에 생기지 않는다. 그러나 인위적인 조직이라면 '나는 왜 이 조직에 소속되어 있는가?'에 대한 이유가 필요해진다. 이것은 조직의 동원력을 높이려 할 때 매우 중요하다. 예전처럼 애사심이나 충성심에 의지하는 것은 이미 불가능해졌기 때문이다.

그런 과거의 방식에만 의존하면 "요즘 젊은 사람들은 남을 위할 줄도, 애사심도 없다니까…" 하는 불만이나 늘어놓는 사람이 되어 버린다. 그러나 사실은 자신들의 통합 원리가 새로운 세대에게 받아들여지지 않게 된 것일 뿐이다. 타협을 할 필요가 있다. 새로운 세대에게도 받아들여지면서 사원을 확실하게 하나로 모을 수 있는 강력한 통합 원리를 새롭게 설계해야 한다. 앞으로 기업이 동원력을 높이려면 자연스럽다고 여겼던 기존의 공동체, 폐쇄적인 마을 같았던 공동체의 불문율을 대신할 새로운 통합 원리가 필요하다.

그 혹은 그녀가 어떤 회사에 소속되어 있는 것은 이제 당연한 일이 아니다. '그 회사의 방식이 마음에 든다'라거나 '그 회사의

가치관이 나와 잘 맞는다'라는 등 선택의 이유가 분명히 있어야
만 하는 것이다.

다양성을 하나로 모으고 통합하는 원리

●

글로벌화한 기업일수록 지역마다 자율적으로 경영하기 때문에
원심력이 작용하게 된다. 이렇게 되면 조직을 하나로 묶는 원리
가 약해진다. 그러나 P&G나 네슬레, 토요타 등 일부 기업은 비
즈니스를 다국적으로 전개하면서도 조직의 일체감을 유지하기
위한 통합 원리를 보유함으로써 사원들을 총동원하는 데 성공
했다.

과거에 해외 비즈니스는 '외국에 공장이 있다', '외국으로 물
건을 수출하고 영업을 한다' 등 작업 과정 측면의 국제화에 머
물렀다. 그러나 지금은 '세계 단일 시장에 어떤 전략을 적용할
것인가' 하는 경영 관리의 국제화로 이행하고 있다. 이렇게 되
면 갑자기 난도가 높아져 수준 높은 인재가 많이 필요해진다. 공
장이나 영업 거점이라는 하드웨어적 측면이 아니라 서로의 일
하는 방식, 의사 결정 방식, 협력 방식 등 소프트웨어적 측면이
중요해진다.

어떻게 해야 최고의 인재를 영입할 수 있을까? 어떻게 해야

우수한 인재가 정착해 회사에 공헌하게 할 수 있을까?

지금은 단순히 급여를 올려주는 것이 아니라 실력을 발휘할수 있는 환경을 제공하고, 책임 있는 직위를 맡기며, 출세의 기회를 주는 등 다양한 측면에서 기회를 만들어주는 것이 중요하다.

더구나 요즘은 해외 기업들 간에 M&A가 매우 활발하게 진행되는 추세로, 그로 인해 기업 경영의 국제화가 빠른 속도로 이뤄지고 있다. 인수한 현지의 회사를 그저 자본적으로 보유한 상태로 현지에 경영을 맡긴 채 내버려 두기만 해도 일정 수준의 성과는 올릴 수 있다. 그러나 그것만으로는 하나의 회사가 된 의미가크지 않다. 기업의 규모는 커지지만 단순히 각 나라에서 각각의사업을 전개하는 회사의 집합체일 뿐인 것이다. 진정으로 하나의 회사가 되어 동원력을 확대하려면 어떻게 해서든지 통합의원리를 가동하지 않으면 안 된다.

주체적으로 그 회사를 선택한 사람들이 모여 있는 인위적으로 구성된 조직에서는 말로 전달할 수 있는 '○○만의 방식'이필요하다. 즉 통합 원리를 먼저 명확화·가시화하고, 그것을 언어화한 후 공유할 필요가 있다.

'○○만의 방식'을 만들 때 중요한 것이 있는데, 자사의 전통적인 방식, 경쟁력의 원천을 글로벌한 가치로 설명할 수 있어야한다는 것이다.

조직의 동원력을 높이려면 지지 기반을 확대해야 하는 것과 마찬가지로, 글로벌하게 동원력을 높이려면 권력 기반을 다국적으로 확대해 외국인들 사이에서도 광범위한 지지 기반을 구축해야 한다. 이를 위해서는 자사의 권력 행사 스타일과 통합 원리를 가시화해 다국적 사원들과도 공유해야 한다.

통합 원리는 '이데올로기'라고 바꿔 말해도 무방할 것이다. 즉 연차, 성별, 국적에 상관없이 사고방식, 행동이 그것에 합치하고 회사에 공헌만 한다면 누구나 권력을 장악할 수 있는, 기업을 하나로 묶는 동적인 원리라고 할 수 있다.

동원력을 높일 소질이 있는가?

●

미국 기업의 경우는 특권 계급과 일반 사원 사이의 격차가 점점 벌어진 결과, 한 회사에서도 일체감을 갖기가 어려워지고 있다. 주주와 소수의 이사회만 장악해도 핵심층을 중심으로 한 권력 기반은 안정적으로 다질 수 있고, 조직의 동원력을 높여 실적을 올리는 데 집중할 수 있는 체제가 만들어지기는 한다. 그러나 특권 계급과 일반 사원의 격차가 너무 커져 버리면 지지 기반을 확대하기가 어렵다.

제너럴일렉트릭(GE)의 전 회장 잭 웰치(Jack Welch)는 CEO로서 10억 달러(약 1조 1,800억 원)의 보수를 받았다고 한다. 퇴직 후에도 파격적인 대우를 받았는데, 연간 200만 달러(약 23억 7,000만 원) 하는 뉴욕 맨해튼의 아파트, 매일 배달되는 꽃과 와인, 회사용 제트기를 언제든 이용할 수 있는 권리 등의 부가서비스도 제공되었다고 한다. 여기에 87만 달러(약 10억 3,000만 원)의 연금도 별도로 주어졌는데, 연간이 아니라 월간 금액이다. 대체 무엇을 해야 매달 87만 달러나 되는 돈을 받을 수 있을까?

과거 언론에서는 타임워너의 인터넷사업 부문 자회사인 AOL CEO의 보수가 연간 8억 7,200만 달러(약 1조 300억 원)에 이른다고 밝혔다. 한 사람에게 1년에 9억 달러에 가까운 돈을 주는 것이다.

AOL의 이사회가 결정한 이 금액은 다시 다른 회사 CEO의 연봉을 책정할 때 참고자료가 된다. 다들 그렇게 하고 있다는 이유로 상식을 뛰어넘는 연봉을 받고 있는 것이다.

서양, 특히 유럽의 기업에는 계급제의 흔적이 남아 있어서 상층부 사람들은 여러 기업을 옮겨다니고, 노동자 계급은 한 회사에서 오랫동안 일한다. 예를 들어, 2013년 12월 12일 자 로이터통신 기사에 따르면 다임러는 BMW의 CEO와 폭스바겐의 수장을 역임한 베른트 피셰츠리더(Bernd Pischetsrieder)를 이사회에 해당하는 감사위원회에 영입했다. BMW의 사장이 폭스바겐을 이끈 뒤 다임러의 이사가 된다는 것은 동양권에서는 절대 있을 수 없는 일이다. 다시 말해 기업의 상층부는 횡적으로 연결되어서 기업의 틀을 뛰어넘어 일종의 귀족 계급을 형성하고 있는 것이다.

이런 시스템의 장점은 여러 가지가 있는데, 유럽이 언제나 업계 표준화에서 앞서나가는 데는 이런 횡적인 연결도 배경으로 자리하고 있다. 그러나 이는 일종의 귀족제이기에 유럽에서는 경영자와 현장 사이에 깊은 골이 존재하며, 회사 전체가 일체감을 갖기가 매우 어렵다.

이렇게 보면 비교적 계급제와 거리가 먼 기업이라면 동원력을 높일 소지가 있다는 것을 알 수 있다. 비계급적이고 민주적이며, 경쟁력까지 갖추고 있는 회사라면 동원력을 높임으로써 권력을 강화할 때도, 대외적으로 사업을 확장할 때도 분명 유리할 것이다.

회사의 성장에 빨간불이 켜졌다면
권력을 재설계하라

오너 기업, 벤처기업처럼 자연스럽게 권력이 사장에게 집중되는 회사에서는 군이 '권력 공학'은 필요치 않다. 그러나 조직이 타성에 젖고 의사 결정의 문제가 일상적으로 나타나면 공학적 측면에서 권력을 설계할 필요가 있다.

최대한 바람직한 독재자를 권력의 자리에 앉히고, 개인의 잠재력을 유감없이 발휘할 수 있는 메커니즘, 강한 권력을 조직 내에 구축하는 메커니즘, 그리고 만약 틀렸을 경우에는 그것을 점검·수정·보완할 메커니즘이 필요해진다. 그러려면 이 책에서 설명한 건조한 시선으로 권력을 설계해야 한다.

나쁜 마음을 먹은 사람이 권력을 남용할 수 있다는 가능성을 염두에 두면서도 기본적으로는 지도자 개인의 잠재력을 최대한 살릴 수 있도록 강한 권력 행사가 가능하게 하는 일종의 기계적 판단이 필요한 것이다.

정치학의 연구 영역은 크게 두 가지다.

첫 번째는 정치사상사를 중심으로 하는 것이다. 인류의 역사를 이끌어온 요소인 사상, 이데올로기의 힘을 공부한다. 인간이 만들어낸 관념의 체계에 관해 배우는 것인데, 전통적으로 대학에서 가장 중요하게 여기는 과목이다. 아이비리그나 유럽의 명문대학 중에 공학부가 없는 대학은 꽤 있지만 정치사상사를 가르치지 않는 대학은 없다.

정치사상사에서는 인류가 오랜 세월에 걸쳐 도달한 지혜의 정수인 민주주의와 자유주의의 귀중함과 고마움, 그리고 기나긴 관념의 변천사를 살펴보며 대리 체험하고 재확인하게 된다. 또한 온갖 이데올로기를 마주하고 파악함으로써 정신의 자유를 얻을 수 있기 때문에 엘리트라면 반드시 공부해야 할 교양 과목 중 하나로 여겨진다.

이렇게 정치사상사를 중심으로 지역 정치 연구 등 기존의 인문학적 접근법으로 연구하는 것이 정치학의 첫 번째 영역이다.

두 번째 영역은 미시경제학의 아류라고도 할 수 있다. 합리를 추구하는 개인이 자신의 이득을 최대화하는 것을 기본으로 수학적 · 합리적인 모델을 구축하는 것이다. 미시경제학과 마찬가지로 인간 개개인이 각자 자신의 이득을 최대화하는 세계에서 어떻게 사회적인 합의를 이룰 수 있는지 등을 연구한다.

이 연구 영역은 첫 번째 연구 영역과 달리 이데올로기적으로 무색무취하며 가치관이 개입되지 않은 건조한 시점이라는 것이 특징이다. 자의적이며, 1980년대 무렵까지는 '게임이론'이나 '집단행동(collective action)' 같은 프레임워크로 상당히 주목받았지만 지금은 그다지 돌파구가 보이지 않는 쇠락한 영역이 되었다.

그런데 최근 들어서 건조한 시선으로 권력의 메커니즘을 파악하는 새로운 이론이 등장했다. 가치관이 개입되지 않은 건조한 시점에서 권력의 구성 요소를 분석하는 것은 큰 가능성을 지닌 새로운 영역이라 할 수 있다. 이런 발상은 권력 기반의 크기나 안정도를 가치관의 개입 없이 기계적으로 파악하려 하는 것이기에 잘만 응용하면 조직의 모습을 자유롭게 설계할 수 있다는 점에서 중요하다. '강한 권력을 가진 조직을 만들려면 어떻게 해야 할까?'라는 공학적 접근이 가능해지는 것이다. 그리고 그 결과 '핵심 지지층 수를 소수화해 권력 기반을 구축하고, 또한 권력에 의존하지 않는 중간층은 배제하며, 구성원을 원자화해 광범위한 지지 기반을 직접 구축하는 편이 좋다'라는 결론이 나온다.

가치관이 개입하지 않으므로 권력자의 인격이나 전략의 좋고 나쁨은 검토 대상이 아니며, 이를 문제 삼지도 않는다. 이 두 번째 정치학 영역이야말로 강한 권력을 가진 조직을 설계하기 위한 중립적인 도구인 것이다. 마키아벨리가 말했듯이 그야말로 "정치와 도덕은 상관이 없는" 것이다.

권력 공학적 발상으로 경영 부진에서 탈출하라!

●

조직이 살아남기 위해 환경 변화에 발맞춰 변혁을 계속하려면 강력한 권력이 필요하다. 사내외의 서로 다른 의견, 의심, 의문, 무관심과 싸워야 하는 최고 경영자는 건조한 시점에서 권력 공학을 실행해야 한다. 합리적인 설득에만 의지하는 것이 아니라 권력 기반을 구축하고 동원력을 높이기 위한 궁리를 건조하게 계속해야 한다.

이때 최고 경영자의 참모에게는 최고 경영자가 독재력을 발휘해 유효한 의사 결정을 내리고 조직의 동원력을 높여 지도력을 발휘할 수 있도록, 권력 기반에 영향을 줄 각종 정책을 고안하는 것이 무엇보다 중요하다.

권력을 집중시키는 것 외에 최고 경영자에게 또 중요한 것은 실패에 대한 대책을 세우는 것이다. 독재적인 권한을 부여받은 상태에서 실패하면 조직은 큰 타격을 입게 되기 때문이다. 대담한 의사 결정을 하면 성공하는 경우도 있을 테지만, 실패하는 경우도 있을 수 있다. 불미스러운 일이나 부정행위를 해야만 조직이 타격을 입는 게 아니다. 불미스러운 일은 잘잘못을 쉽게 판단할 수 있다. 그러나 경영 전략상의 의사 결정은 옳은지 그른지 판단하기가 매우 어려우며, 업종에 따라 차이는 있지만 보통 몇 년이 지나고서야 그 결과가 나타나기도 한다. M&A는 보통 성공률이 50퍼센트라고 한다. 어떤 인수 안건이든 찬반양론이 있기 마련이고, 마지막에는 "해보지 않고서는 알 수 없다", "결과로 보여주겠다"라고 결론이 나곤 한다. 결국 조직이 나아가야 할 큰 방향을 결정할 수 있는 사람은 독재력이 있는 권력자뿐이고, 권력자에 의해 의사 결정이 난다. 다만 결과가 불확실한 안건에 대한 의사 결정을 맡은 이상, 권력자는 당연히 결과에 대한 책임도 져야 한다는 사실을 명심해야 한다.

핵심 지지층인 이사에게는 큰 틀에서 최고 경영자의 독재적인 권력 행사를 지원하면서도 결과가 좋지 않을 때 최고 경영자를 즉시 해임한다는 행동 양식이 기본적으로 중요하다.

이 밖에도 최고 경영자가 해임될 수 있는 또 다른 상황은 주가가 하락한 것을 신호로 적대적 인수합병의 표적이 될 때다. 타사에 인수될 때 무능한 경영자는 해임되는 것이 자본주의의 논리인 것이다.

권력 공학을 정리하면 다음과 같다.

1. 최대한 적절하고 올바른 권력자를 권력의 자리에 앉힐 것
2. 선택된 권력자가 권력 기반을 탄탄히 하고 100퍼센트 실력과 잠재력을 발휘할 수 있게 할 것
3. 선택된 권력자가 광범위한 지지 기반을 구축하고, 지향하는 목표에 전 사원을 동원하도록 할 것
4. 권력자를 결과로 판단하고, 그 권력자가 결과에 대해 언제라도 책임을 질 수 있도록 할 것

이미 권력의 자리에 앉은 사람이라면 앞으로 2, 3, 4의 관점이 중요하다. 즉, 최고 경영자의 인격이나 능력과는 상관없이 건조한 관점에서 권력 강화를 위한 계획을 설계할 필요가 있다.

옮긴이 김정환

건국대학교 토목공학과를 졸업하고 일본외국어전문학교 일한통번역과를 수료했다. 21세기가 시작되던 해에 우연히 서점에서 발견한 책 한 권에 흥미를 느끼고 번역의 세계에 발을 들였다. 현재 번역 에이전시 엔터스코리아 출판기획자 및 일본어 전문 번역가로 활동하고 있다.

경력이 쌓일수록 번역의 오묘함과 어려움을 느끼면서 항상 다음 책에서는 더 나은 번역, 자신에게 부끄럽지 않은 번역을 할 수 있도록 노력 중이다. 공대 출신의 번역가로서 공대의 특징인 논리성을 살리면서 번역에 필요한 문과적 감성을 접목하는 것이 목표다. 야구를 좋아해 한때 imbcsports. com에서 일본 야구 칼럼을 연재하기도 했다.

옮긴 책으로는 《구글을 움직이는 10가지 황금률》《1퍼센트 부자의 법칙》《이익을 내는 사장들의 12가지 특징》《경영 전략의 역사》《일을 잘 맡긴다는 것》《수학은 어떻게 무기가 되는가》 등이 있다.

사장을 위한 권력학

초판 1쇄 발행 2021년 1월 22일

지은이 기타니 데쓰오
펴낸이 정덕식, 김재현
펴낸곳 (주)센시오

출판등록 2009년 10월 14일 제300-2009-126호
주소 서울특별시 마포구 성암로189, 1711호
전화 02-734-0981
팩스 02-333-0081
전자우편 sensio0981@gmail.com

기획·편집 이미순, 심보경   **외부편집** 고정란
마케팅 허성권, 서혜경   **경영지원** 김미라
본문디자인 유채민   **표지디자인** Design IF

ISBN 979-11-90356-96-1 03320

소중한 원고를 기다립니다. sensio0981@gmail.com